스칸디 부모는 자녀에게
시간을 선물한다

일러두기
개정증보판을 내며 화자를 황선준에서 황레나로 변경했고, 책의 내용도 이에 맞게 수정했다. 그러나 일부는 그것이
불가능했고, 이 경우 글의 서두에 '남편의 이야기'로 별도 표시하였다.

믿어주고, 기다려주고, 이끌어주는 스칸디 교육의 힘

스칸디 부모는 자녀에게 시간을 선물한다

황레나 · 황선준 지음

위즈덤하우스

이 책을 통해
우리가 같은 경험을 할 수 있기를!

이 책이 처음 나왔을 때 내 기대는 아주 컸다. 나는 한국 남자와 결혼해 그를 따라 한국에 온 이민자였고 직장이 없었다. 책을 통한 강연과 부모교육을 통해 나는 내 생활비를 벌어 남편과 한국에서 살기를 희망했다. 그러나 내가 여자라서인지, 아니면 이민자라서인지 그렇게 되지 않았다. 나는 다시 스웨덴으로 돌아왔고 남편과 떨어져 여러 해를 살았다. 그 이유야 어찌 되었든 나는 한국의 여성과 이민자의 상황에 큰 변화와 발전이 있어야 한다고 믿는다.

내가 두 번째로 한국에 살려고 왔을 때 우리는 이 책의 내용을 중심으로 부모교육 프로그램을 만들었다. 일회성 강의가 아니라 참석자들의 발표와 토론, 실천으로 이루어진 스웨덴식 참여 강의 시리즈였다. 강의에 참석한 대부분은 어머니였으나 아버지도 몇 분 있었다. 나는 이 강의에서 만난 한국의 부모들로부터 강한 인상을 받았다. 그들은 자신들의 이야기를 우리와 공유했는데 주된 소재는 내면에 응어리진 슬픔이었다. 한국의 강압적인 교육시스템 속에서 아이들에게 고통을 주는 데서 오는 슬픔. 남편이 직장, 회식, 운동 등으로 부재중인 가운데 혼자 아이를 키우는 데서 오는 슬픔. 아이들이 성장하여 어머니가 필요 없는 나이가 됐을 때 삶의 목표나 의미를 상실한 데서 오는 슬픔. 아버지들도 슬픔을 안고 있기는 마찬가지였다. 아이들의 성장기를 함께하지 못한 데서 오는 슬픔. 교육시스템 안에서 아무것도 하지 못하고 가족들이 고통받도록 방치한 데서 오는 슬픔. 아이들 역시 마찬가지였는데 어떤 고등학생은 빛이라곤 졸업밖에 없는, 아주 좁고 어두운 터널을 걷고 있는 기분이라며 더는 살고 싶지 않다고 했다. 어느 어머니는 아이가 학교를 중퇴하고 하루 종일 집에 틀어박혀, 사회에서 완전히 소외되어 가고 있다며 울먹였다.

아이를 키우는 일은 어디서나 힘들고 어렵다. 그러나 어떻게 키우는가에 따라 고통과 슬픔의 정도는 달라질 수 있다. 우리는 한국과 같이 모두가 경쟁에 내몰려 뭔가를 잃고 있는 시스템 속에서 이 책의 필요성을 더욱 절실히 느꼈다. 그래서 이 책이 나온 이후 개정된 스웨덴 법과 규칙 등을 수정 보완하고, '다양성 사회에서 아이 키우기', '차분한 대응법' 등의 꼭지를 새로 집필하여 증보판을 내기로 했다.

나에겐 큰 소망이 있다. 내 남편의 나라 한국이 교육뿐 아니라 아이들을 '잘 기르는 데' 역점을 두기를, 아이들의 성장기가 단지 어른이 되기 위한 통로가 아니라 매 순간 의미와 가치가 있기를 소망한다. 아이들과 함께 저녁식사를 하며 그날그날의 이야기를 나누고, 곁에서 공부를 도와주고, 취미 활동도 함께하며, 값비싼 물건 대신 가장 중요한 '시간'을 선물하기를 소망한다. 아이들을 있는 그대로 사랑하고, 믿고, 기다리면서 필요할 때 언제나 곁에서 지원하고, 아이들의 결정을 도와주고 이끌어주는 부모가 되기를, '나는 어떤 부모가 될 것인가'보다 '아이가 어떤 부모를 원하는가'에 초점을 두는 부모이기를 소망한다.

이 책의 공동저자인 남편은 책을 같이 집필하고, 강의를 통해 많은 한국 부모들을 만나 이야기를 나누며, 비로소 아이를 어떻게 길러야 하는지 알겠다고 했다. 모든 독자들이 이 책을 통해 같은 경험을 할 수 있기를 희망한다. 적어도 아이들이 집을 떠나기 전에!

2020년 봄
황레나

스칸디 맘의 폭탄선언, 한국에서 살 수 없어요!

나에게 스웨덴은 제2의 고향이나 다름없다. 그곳에서 스웨덴 사람인 아내를 만나 세 아이를 낳아 기르며 내 삶의 반을 보냈으니 말이다. 처음에는 스웨덴의 기후처럼 사람들도 차갑게만 느껴졌다. 스웨덴 사람들은 대체로 무척 합리적이고 무엇이든 즉흥적으로 하지 않는다. 또 상대에 대한 호감을 겉으로 쉽게 드러내는 법이 없다. 그런데 사실 알고 보면 배려심 많고 사람 좋아하는, 따뜻하고 속 깊은 사람들이다. 스웨덴은 이제 나에게 합리적이고 실용적이라는 인상을 넘어 포근한 모국처럼 느껴진다.

물론 금방 스웨덴 사회에 익숙해질 수 있었던 것은 아니다. 스웨덴으로 유학을 간 뒤 오랜 시간에 걸쳐 뼈아프게 체득하며 나는 변해갔다. 그 과정은 그야말로 도전과 배움의 연속이었다. 한국과 전혀 다른 스웨덴 사회의 면면에 나는 끊임없이 충격을 받았고, 그 속에서 나 자신이 변하지 않고서는 이 충격을 극복해나갈 수 없음을 깨달았다. 특히 가정생활은 내게 많은 변화를 요구했다. 서로 다른 문화권에서 자란 남녀가 만나 결혼해 아이 셋을 낳고 길렀으니 얼마나 우여곡절이 많았겠는가? 부부 관계에서부터 자녀 양육에 이르기까지 우리는 서로 다른 관점을 가지고 있었고, 각자의 생각이 부딪칠 때마다 결혼 생활에 회의를 느끼기도 했다.

그렇게 긴 세월이 흘러 어느 날 나 자신을 들여다보니 나도 참 많이 변했다는 생각이 들었다. 그러나 내가 과연 '스칸디 대디'가 되었는가 하는 문제는 그렇게 간단하지가 않다. 경쟁과 남성 위주의 사회에서 나고 자란 내가 완벽한 스칸디 대디가 되기에는 무리인지도 모른다.

그럼에도 불구하고 내가 스칸디 대디에 가깝게나마 변할 수 있었던 것은 나를 둘러싼 스웨덴 사회와 내 주위의 친구, 동료, 친척들의 영향이 컸다. 그리고 무엇보다도 결정적인 역할을 한 사람은 바로 아내다. 아내 레나는 나의 가부장적이고 성질 급한 기질을 인내하며 지켜봐주는 천사 같은 사람이다. 어느 순간에는 내 기세에 밀려 후퇴하는 듯해도 몇몇 문제에서는 절대 타협하지 않는 고집도 있다. 먼저 남녀평등, 특히 가정에서 아내와 남편 사이의 평등

문제에서만큼은 타협이라는 걸 몰랐다. 두 번째는 아버지의 역할이었다. 아내는 내가 아이들을 훈육하고 일방적으로 가르치기보다는 대화하고 소통하는 아버지이길 바랐다. 아내 레나는 아이들과 친구처럼 대화하면서도 마지막에는 항상 자기가 원하는 방향으로 아이들을 인도하곤 했다. 그 모습을 지켜보며 '나는 왜 저렇게 못할까' 하는 생각을 수천 번도 넘게 했다. 아내는 그야말로 전형적인 '스칸디 맘'이었다.

1989년 11월에 첫째 아들 태인이(요한네스)가 태어나고, 2년 터울로 둘째 아들 해인이(유나탄), 막내딸 정인이(소피아)가 태어나면서 우리 가족은 모두 다섯이 되었다. 1994년 겨울, 5년 만에 다시 한국을 방문했을 때 아이들은 만 다섯 살, 세 살, 한 살이 조금 넘었다.

나는 그동안 아이 셋을 키우면서 힘들게 박사학위 공부도 마친 상태였다. 그래서 한국에서 직장을 알아보고 아예 한국으로 돌아올 생각이었다. 아내는 이 계획에 반대하지 않았다. 오래전부터 아내에게 공부를 마치면 한국에 가서 살고 싶다고 말했고, 아내도 이에 동의했기 때문이다.

우리는 아이 셋과 함께 한국에 도착해 서울에서 고향 경남까지 내려가며, 많은 사람들을 만나 인사를 나누고 조심스럽게 일자리도 알아봤다. 다행히 경남에 있는 한 대학에서 강사 자리를 구해 한국으로 돌아올 준비를 마쳤다. 시골에 사시는 부모님도 무척 기뻐했다. 아들과 며느리, 손주들 얼굴이 보고 싶어도 머나먼 타국에 살아서 늘 마음으로만 그리워했던 분들이니 기쁨도 컸으리라.

스웨덴에서의 생활을 정리하기 위해 다시 비행기를 타던 날, 아버지는 "이제 돌아오제? 분명히 돌아오는 거제?"라고 거듭 물었고 아내는 이미 수차례 대답했던 것처럼 "예, 그럼요"라고 되풀이했다. 그런데 스웨덴으로 돌아오자마자 아내는 우리가 한국으로 돌아가서 살 수 없다고 선언했다.

"한국에서 아버지에게 약속했잖아? 내 공부가 끝나면 한국에 가서 산다고 약속하지 않았느냐고? 그래서 한국에 직장도 구해놨는데, 이제 와서 돌아가지 않겠다면 어쩌자는 거야?"

항의하는 나에게 아내는 자신이 왜 그러한 결정을 내렸는지 차분하게 설명했다.

"당신, 동생 집에 갔을 때 차를 어디에 세웠는지 기억나요?"

"갑자기 그건 왜 묻는데? 아파트 앞 왼쪽에 세워놓지 않았어?"

나는 아내의 뜬금없는 질문에 퉁명스럽게 대꾸했다.

"그럼 그 아파트에 아이들 놀이터는 어디 있었는지 기억나요?"

"아파트 뒤쪽에 있었지."

"그러면 그때 햇빛이 어디를 비추고 있었나요?"

나는 아내가 무슨 얘기를 할지 이내 직감하며 얼버무렸다. 그러자 아내는 우리가 차를 세워둔 주차장은 아파트 앞의 양지바른 곳이었고, 아이들 놀이터는 아파트 뒤쪽 응달에 있었다고 했다. 그래서 아내가 점심을 먹은 뒤 아이들을 데리고 놀이터에 갔을 때 너무 추워서 10분도 채 되지 않아 집으로 돌아왔다고 했다. 그렇지 않아도 추운 1월인 데다 햇볕까지 들지 않았으니 얼마나 추웠을지 짐작이 되었다.

아내는 그것만 보고도 한국에서 아이들과 여성들이 사회적으로 어떤 대우를 받는지 짐작할 수 있다고 했다. 한국의 아버지들이 차를 주차하는 공간은 겨울에도 햇볕이 잘 드는 양지쪽인 데 반해 아이들 놀이터는 춥고 그늘진 곳에 있다는 것을 상기시키며 "그 아파트를 설계한 사람은 분명 남자였을 것이고, 그렇게 아파트를 설계해도 누구 하나 문제를 제기하지 않는 사회에서 우리 아이들을 어떻게 키우며 살아가겠어요?"라고 했다.

또 한국에 갔을 때 내 조카들이 학원에 가고 과외를 받느라 우리 애들과 놀지도 못한 점을 꼬집었다. 아내의 설명은 계속 이어졌고 나는 말문이 막혔다. 솔직히 나도 한국에서 스웨덴에서처럼 아내와 평등하게 살면서 아이에게 사교육을 시키지 않고 다그치지 않으며 키울 자신은 없었다. 나는 그 자리에서 아내에게 한국으로 돌아가지 않고 스웨덴에서 살아보자고 했다. 한국의 부모님께, 또 직장을 마련해준 선배에게 편지를 보내 돌아갈 수 없다고 설명했다. 나의 가족과 친구들은 실망했다. 마음이 아팠지만, 아이들을 위한 최선의 선택이었다.

최근 한국에서 스웨덴을 비롯한 북유럽, 즉 스칸디나비언(Scandinavian) 교육법에 대한 관심이 높아졌다. 대학까지 무상교육인

데다 친구와 경쟁하지 않고 협력하면서 세계 최고 학력 성취를 이루며, 낙오자 없이 공교육이 모두를 책임지는 것으로 유명한 스칸디 교육법은 교육학자들에게 선망의 대상이며, 부모들도 스칸디 교육법과 북유럽의 가족 문화를 실천하고 싶어한다. 극성스럽고 경쟁적인 교육 환경에서 벗어나 자녀와 교감하고, 아이의 자율성과 감성을 개발해주고 싶어하는 부모들이 늘고 있기 때문이다.

이런 부모를 뜻하는 '스칸디 맘(북유럽식 자녀양육법을 추구하는 엄마)', '스칸디 대디(북유럽 스타일의 가정 중심 아빠)'라는 신조어도 등장했다. 북유럽의 아빠들은 육아에 적극적으로 참여하며 아이들과 함께하는 체험을 삶의 중요한 가치로 삼는다. 저녁식사는 꼭 가족과 함께하고 주말엔 아이들과 야외에 나가거나 공연을 보고 함께 책을 읽는다. 또 아내를 동등하게 대하고 집안일을 나눠 하는 평등한 남편이다.

나는 26년 넘게 스웨덴에서 자유롭고 합리적인 스웨덴 아내와 아이 셋을 낳아 키우고 교육하며 좋은 아빠가 되기 위해 노력했다. 이 책은 우리 부부 두 사람이 공동으로 집필한 것이다. 전형적인 스칸디 맘인 아내 레나와 스칸디 대디로 성장한 경상도 남자인 나의 합작품이다. 레나의 스웨덴어 원고는 번역을 했고, 책을 써가는 동안 우리는 끊임없이 토론했다.

우리 부부의 경험을 바탕으로, 되도록 많은 스칸디 가족의 사례를 통해 이해를 도우려고 노력했다. 특히 이런 사례들은 아내 레나가 집필한 것이 많다. 레나는 15년 실무 경력의 중학교 전문 상담사로 많은 아이들을 만나보았다. 교육 현장에서 일하며 학교 폭력, 따돌림, 성교육, 아동 인권 문제에 관한 전문적인 지식과 경험도 보유하고 있다.

한국과 비교한 부분은 스칸디 교육법을 한국의 현실에 빗대어 더 극명하게 보여주기 위해서이니 한국의 부모들이 너무 자괴감을 느끼지 않았으면 좋겠다. 한국 교육법의 장점은 유지하되 스칸디 교육법을 통해 보완하고 발전시킬 수 있는 기회로 삼을 수 있을 것이다. 더불어 이 책이 부모와 아이들 모두가 행복한 가정, 학교 그리고 사회를 만들기 위한 좋은 길잡이가 되기를 바란다.

2013년 겨울
황선준

1부. 가정에서부터 평등과 존중을 실천하기

4부, 믿어주고, 기다려주고, 이끌어주는 스웨덴 교육

아무리 어린 자녀라도 스칸디 부모는 아이의 생각을 존중한다. 설사 틀렸다 해도 크게 어긋나지 않는 한 경험을 통해 배우는 것도 중요하기 때문이다. 편견이나 고정관념 없이 아이 그 자체를 바라보고 인정할 때 아이의 가능성은 더욱 커진다. 부모라면 가정에서부터 아이들이 조화롭게 성장할 수 있는 환경을 만들어줘야 한다.

1부

◇◇◇◇◇

가정에서부터
평등과 존중을 실천하기

Chapter

1

자유로운 부모가
당당한 아이를 키운다

무슨 일 하세요?

우리 부부가 한국을 두 번째로 방문했을 때의 일이다. 나는 남편의 한국인 친구 부부들을 만날 때마다 그 부인들에게 빼놓지 않고 물었다.

"무슨 일 하세요?"

스웨덴에는 '전업주부'라는 개념이 없을 정도로 여성의 사회 진출이 활발하고 그것을 당연하게 여긴다. 2011년 기준으로 일하는 엄마가 80%에 달한다. 스칸디 맘들은 남성이 직장을 가지고 경제 활동을 하는 것처럼 여성도 그렇게 해야 한다고 생각한다. 그래야 아내가 남편에게 경제적으로 의존하지 않고 평등한 관계를 유지할 수 있다고 믿는다. 다시 말해 사랑도 평등한 관계 속에 이루어져야 진정한 사랑이라고 생각하는 것이다.

그런데 남편 친구들의 아내들은 모두 대학까지 졸업한 고학력자이면서도 일하는 사람은 고작 한 명뿐이었다. 그것도 파트타임으로 말이다. 대다수가 직장 일과 육아를 병행할 수 없어 다니던 직장도 그만두었다고 했다. 나는 왜 대학까지 나와서 계속 직장을 다니지 않는지, 왜 사회가 고급 여성 인력을 활용하지 않는지, 왜 보육은 여성들만의 책임인지 이해할 수 없다고 푸념했다.

스웨덴을 비롯한 북유럽 국가에서는 자녀의 보육 문제로 다니던 직장을 그만두는 일은 없다. 북유럽 사회에서 일하는 여성들, 특히 아이를 둔 워킹맘들에 대한 사회적 배려와 경제적, 제도적 지원은 그야말로 세계 최고다.

한국과 비교했을 때 북유럽 사회는 워킹맘, 워킹대디 들의 천국이다. 유급 육아휴직 제도, 아동 보조금 제도 그리고 양질의 저렴한 공립 유아학교, 방과 후 학교 제도 덕분에 맞벌이 부부가 직장 생활과 양육을 병행할 수 있다. 북유럽 사회에서는 이런 제도적인 장치들을 통해 국가가 여성들의 사회 활동과 양육을 지원한다. 덕분에 스웨덴의 출생률은 한국의 두 배에 달한다.

반면 한국은 2005년 여성 근로자 영아 보육 실태 조사에서 직장을 그만둔 여성의 퇴직 사유 중 68%가 '보육 문제'일 정도로 자녀의 출산과 양육이 한국 여성들에게는 힘든 일이며, 이 때문에 직장을 떠나야 하는 비극이 생긴다. 특히 자녀가 어릴수록 보육 환경이 열악해, 엄마가 일을 그만두고 집에서 아이를 양육하고 집안일을 하는 경우가 많다.

또 다른 조사에 따르면 자녀가 만 1세 미만일 때 맞벌이 비율이 가장 낮고, 아이의 연령이 높아질수록 맞벌이 비율도 높아지는 것으로 나타났다. 사정이 이렇다 보니 많은 직장 여성들이 퇴직 걱정 때문에 아이를 갖지 않거나 아예 결혼 자체를 기피하는 경우도 있다. 최근에는 아이를 다 키우고 다시 직장으로 돌아가는 40대 이상의 여성이 많다고 들었다. 그러나 뒤늦게 다시 직장으로 돌아가는 여성들은 자신이 받은 교육과 경력에 맞는 일을 하는 경우가 드물며 대체로 서비스업에 종사한다.

이처럼 양육을 비롯해 결혼, 임신, 출산 등이 여성들의 직장 생활에 걸림돌이 되면서 한국 여성들은 마음껏 능력을 발휘하지 못할 뿐 아니라, 자신의 의지와는 상관없이 지금까지 힘들게 쌓아온 경력을 포기하는 안타까운 일이 벌어진다. 상황이 이러하니 사회적으로 성공하거나 고위직에 오르는 여성도 극히 드물다. 고용노동부 자료에 따르면 직원 수 1,000명 이상의 546개 기업과 정부 부처, 공기업의 경우 여성 임원의 비율이 고작 3.3%에 불과하다.

일과 가정 모두
지키게 도와주는 사회

스웨덴 사회가 여성들이 일하면서 아이를 낳고 키울 수 있도록 제도적으로, 경제적으로 지원하고 장려하고 있음을 잘 보여주는 것은 유급 육아휴직 제도다. 스웨덴의 경우 육아휴직 기간은 현재 출산 휴가를 포함해 총 480일이다.

이 육아휴직 기간을 자녀의 나이 8세 이전까지 나눠서 사용할 수 있으며, 육아휴직 급여도 최초 390일간은 기존 급여의 80%를 받고 나머지 90일은 일정 금액의 육아 수당을 받는다. 물론 80%라는 것에는 상한선이 있어 최대 금액이 월 370만 원 정도다. 또한 육아휴직은 첫째 아이를 출산한 뒤 1~2년 간격으로 또 아이를 낳으면 자동 연장할 수 있고, 출산 이후 90일 이내에 아기 아빠도 10일 간의 출산휴가를 사용할 수 있다.

그런데 여기서 주목해야 할 점은 스웨덴 정부가 육아휴직 기간 중 최소 90일 이상은 반드시 부부 중에 다른 성(性)의 부모가 사용하도록 제한하고 있다는 사실이다. 엄마 아빠가 쓸 수 있는 육아휴직 기간 총 480일 중 적어도 90일은 아빠가 써야 한다는 말이다. 만약 아빠가 사용하지 않으면 '90일의 권리'는 국가에 귀속되어 사라진다. 스웨덴 정부가 이렇듯 적어도 90일을 다른 성의 부모가 사용하도록 제한하는 것은 남성의 육아 참여를 장려하기 위해서다. 엄마와 아빠가 육아휴직 기간을 똑같이 사용했을 때는 보너스 개념으로 일정 금액의 인센티브까지 준다.

그뿐인가. 자녀가 12세가 되기 전까지는 아이가 아플 경우 90일 간 휴직할 수 있고, 이때도 급여의 80%에 달하는 급여를 받는다. 아이가 중병에 걸렸을 경우에는 이 90일 제한 제도와 무관하게 기간을 연장해 휴직할 수 있다.

우리 부부가 아이를 낳고 키우던 90년대에는 스웨덴의 육아휴직 제도가 지금과는 좀 달랐다. 나는 대학에서 사회복지학을 공부하던 중 남편을 만났고, 졸업이 가까워진 시기에 첫아이를 임신했다. 그리고 세 아이를 낳고 키우면서도 그 전공을 살려 중학교의 전문 상담사로 일했다. 당시에는 휴직 기간을 엄마나 아빠 한 사람이 몰아서 쓸 수 있었다. 남편은 박사과정 중이었고 공부를 중단하기 어렵다고 판단해 내가 육아휴직을 모두 사용했다. 세 아이가 모두 두 살 터울로 태어나다 보니 나는 거의 6년 동안 유급 육아휴직을 한 셈이다. 육아휴직이 잦았지만 직장에서 어떠한 불합리한 대우를 받은 적이 없다.

나는 휴직 기간이 끝나고 아이들을 학교나 유아학교에 보낼 때도 하루 근무시간의 85%만 일하는 파트타임으로 일했다. 아이들이 학교에서 돌아오는 시간에 집에 있기 위해, 유아학교에 아이를 너무 오래 맡기지 않기 위해서였다. 물론 수입은 그만큼 줄어든다. 하지만 우리는 이렇게 하는 것이 아이들을 위한 더 나은 선택이라고 확신했다. 스웨덴에는 이런 식으로 육아와 직장 일을 동시에 할 수 있는 여러 제도가 갖춰져 있어 엄마나 아빠가 혼자 아이를 키우는 데 큰 어려움이 없다. 경력을 쌓고 사회적으로 인정받는 데 있어 출산과 육아는 그렇게 큰 방해물이 되지 않는다.

그도 그럴 것이, 스웨덴에서는 회사에서 임신, 육아휴직 또는 자녀의 질병으로 휴가를 내는 것에 대해 눈총을 받거나 불이익을 당하지 않고, 어떠한 형태로든 차별받지 않는다. 휴직으로 인해 생기는 공백을 메우기 위한 대체 인력도 잘 준비되어 있다. 부모의 임신과 출산, 양육은 결코 퇴직 사유가 될 수 없다. 심지어는 젊은 의회 의원들이 어린 자녀를 유모차에 싣고 의정 활동을 하기도 하고, 텔레비전을 보다 보면 의회에서 수유하는 모습이 카메라에 잡히기도 한다.

부모라면 아이들에게 사랑이 가득한 곳에서
조화롭게 성장할 수 있는 환경을 만들어줘야 한다.
두 살, 여섯 살, 열 살, 열다섯 살……
모든 나이의 아이들이 그때를 가장 행복하게
기억할 수 있도록 말이다.

스웨덴의 또다른 육아 지원 제도로는 아동 보조금 제도가 있다. 현재 아동 한 명당 월 20만 원 정도의 보조금을 받는다. 아이를 둔 모든 부모에게 아동 보조금을 지급하는데, 자녀가 두 명 이상이면 다자녀 특별 수당까지 따로 지급된다. 아동 보조금을 다산 정책으로 활용하는 것이다. 이 아동 보조금은 보편 복지로, 소득에 관계없이 어느 가정에나 적용된다. 심지어 스웨덴 최고 갑부의 가정에도 이 나이에 해당하는 자녀가 있으면 아동 보조금이 나온다. 그리고 자녀가 17~18세가 되면 교육 보조금이라는 명목으로 같은 금액이 지급된다.

또한 여성이든 남성이든 상관없이 8세 미만의 자녀를 둔 직장인은 하루 근무시간의 75%만 일하는 것이 가능하다. 일찍 퇴근해 유아학교에 맡긴 아이를 이른 시간에 집에 데려올 수 있게 한 조치다. 우리 부부도 이 제도 덕분에 아이를 일찍 데려올 수 있었다.

스웨덴의 유아학교(Forskola)는 한국의 어린이집과 유치원에 해당한다. 만 1~5세까지의 아이들이 다닐 수 있는데, 가르치면서 돌보는 것(Educare)이 기본 목적인 양질의 저렴한 공공 유아교육제도다. 교사들 중 과반수 이상이 4년제 사범대학을 졸업하고, 나머지도 고등학교에서 보육을 전공한 선생님들이다. 그러니까 교사들의 질이 매우 높은 편이라고 할 수 있다. 또 통계에 따르면 교사 한 명당 다섯 명 남짓의 아이들을 돌보기 때문에 교육과 보육이 가능하다. 유아학교 보육비 전액 중 부모들이 부담하는 비용은 8% 정도밖에 되지 않고, 나머지 92%는 세금으로 충당한다. 첫째보다 둘째가, 둘째보다 셋째가 유아학교 보육비를 적게 내고 넷째부터는 무상으로 다니도록 제도화되어 있는데, 부모들이 보육비 부담 때문에 임신을 기피하는 현상을 막고 출산율을 높이기 위한 국가 차원의 배려다. 당연히 유아학교의 이용률이 높아 현재 85% 정도의 스웨덴 아이들이 유아학교를 다니고 있다. 스웨덴을 비롯한 북유럽의 여성들은 이렇듯 다양한 국가의 지원 아래에서 경제활동과 육아를 병행하고 있다.

전업주부였던
어머니의 반란

스웨덴이라고 해서 처음부터 남녀가 평등한 나라였던 것은 아니다. 지금처럼 여성들이 행복하게 일하는 세상이 거저 이루어진 것은 아니라는 말이다. 1950~60년대의 스웨덴은 현재의 모습과는 상당히 달랐다. 여성들은 앞치마를 두른 채 진공청소기를 들고 있고 남성들은 양복에 서류가방을 들고 일터로 나가는 포스터를 심심치 않게 볼 수 있다.

수많은 나라들이 1차, 2차 세계대전으로 신음하고 있을 때, 스웨덴은 유럽에서 가장 가난한 나라 중 하나였다. 그러나 이 거대한 전쟁의 소용돌이를 비켜간 스웨덴은 전쟁으로 폐허가 된 다른 나라들에 비해 경제 발전을 꾀하기에 유리한 위치에 있었다. 스웨덴의 경제는 1960~70년대에 탄탄한 발전을 이루며 성장했고 그만큼 많은 노동력이 필요했다. 부족한 노동력을 메우기 위해 여성의 사회 진출은 필연적이었고 남유럽과 동유럽에서 노동이민자도 받아들였다. 직장 일과 집안일을 병행하기 위한 제도적인 장치들도 이때 대폭 확대되었다. 1970년대 중반 이후 아이들을 보육하는 공립 유아학교가 급격히 늘어난 것도 이런 이유에서다.

내 어머니의 삶을 보면 스웨덴 여성들의 권리가 어떻게 진화해왔는지 알 수 있다. 내가 어렸을 때만 해도 많은 스웨덴 여성들이 한국 여성들처럼 밖에서 일하는 남편을 뒷바라지하며 자녀 양육과 집안일을 도맡아 했다. 어머니도 처음에는 출근하는 남편을 배웅하고 청소를 하고 식사를 준비하는 전업주부였다. 아버지는 출장이 잦아서 자주 집을 비웠다.

어머니의 일상은 늘 같았다. 오전 10시면 바닥 걸레질을 포함한 온 집 안 청소를 마쳤고 그 뒤로는 딱히 할 일이 없었다. 어머니는 남는 시간과 에너지를 버려두지 않고 1960년대 말부터 성인학교(Komvux)에 다니기 시작했다. 성인학교는 각 지방자치단체에서 운영하는 교육기관으로, 새로운 길을 가고 싶어 하는 사람들에게 교육의 기회를 제공한다. 누구든 나이에 관계없이 초·중·고교 과정을 이수할 수 있고, 원한다면 대학 진학의 가능성도 열어준다. 당시 교육의 기회가 부족했던 여성들은 사회 진출을 위해 성인학교에 들어가 다시 공부를 했고, 스웨덴 정부는 이런 여성들을 위해 재정적이고 제도적인 지원을 아끼지 않았다.

사실 어머니는 어릴 때 공부를 계속하고 싶었지만, 집안 사정이 여의치 않아 남자 형제들에게 교육의 기회를 양보해야 했다. 어머니는 뒤늦게 고등학교 과정을 이수하고 사범대학에 진학해 교사가 되었다. 나의 아버지는 어머니가 직장을 다니는 것을 받아들이지 못했기 때문에 어머니는 대학에서 공부할 때 아버지와 이혼했다. 직장을 갖고 경제적으로 독립하는 게 그 정도로 중요했다. 어머니와 같은 여성들이 자아실현과 경제적인 독립을 꿈꾸며 다시 공부를 시작하면서 모든 게 변했다. 점점 더 많은 여성들이 교육을 받고 직업을 갖기 시작했으며, 이는 여성의 경제적인 독립과 자유를 의미했다. 그리고 더 이상 남성에게 의존하거나 남성의 기호와 의지에 자신을 맞추지 않아도 된다는 것을 의미하기도 했다. 여성이 직장을 갖고 돈을 버는 것을 남녀평등에서 가장 근본적이고 중요한 가치로 인식하게 되었다.

어머니 세대는 힘겹게 양성평등의 여성 혁명을 이루어냈다. 이런 과정을 겪으며 1980년대, 우리 세대가 대학에 들어갈 무렵에는 학업을 계속하고 정년퇴직까지 일하는 것이 너무나 당연하게 여겨졌다. 사회 분위기가 그랬으니, 가정을 이룬 후에도 나 역시 계속 경제활동을 했고 가사와 양육은 부부가 분담하는 것이 당연했다.

스웨덴에서 '주부'라는 단어가 없어진 지도 오래다. 가사를 돌보며 집에 머무는 사람은 통계적으로 '실업자'로 분류된다. 모든 사람이 기본적으로 직장을 다니며, 일을 하고 싶어한다는 것을 전제로 하기 때문이다. 인구의 절반인 여성들이 출산과 육아로 인해 직장 생활을 할 수 없다면 국가는 그것을 가능하게 하는 제도적인 장치들을 고안해내야 마땅하다.

한국에서도 임신과 출산, 육아가 더 이상 일하려는 여성을 집 안에 눌러 앉히는 요인이 되지 않도록 다양한 제도를 마련했으면 좋겠다. 그래야 스웨덴을 비롯한 북유럽 국가들처럼 평등한 남녀 관계를 논할 수 있고, 여성들이 결혼이나 출산을 기피하지 않는 사회가 될 수 있을 테니 말이다. 스웨덴의 출산율이 한국에 비해 2배 가까이 높은 것만 봐도 한국이 나아갈 방향이 보이지 않는가? 일하는 여성이 많아지고 출산율이 높아지면 지금의 과열된 육아 및 교육 경쟁도 한결 나아질 것이다.

2020년 1월부터 스웨덴에서는 UN의 아동권리헌장을 법으로 채택한다. 오랫동안 아동권리헌장을 기존의 법 체계 내에서 구현하려고 시도했지만 그것만으로는 아이들을 위하는 데 충분하지 않았다. 우리는 2020년부터 스웨덴 사회가 아이들과 관계되는 모든 결정에서 '아이들의 최선'을 위하며 아이들의 의견을 청취하고 고려하기를 기대한다.

Chapter

2

가정 내 역할은
따로 정해져 있지 않다

어느 평범한
스웨덴 가정의 주말

토요일 늦은 아침, 부부인 마틴과 엘사는 그때껏 침대에 누워 미적거렸다. 여덟 살 미아, 여섯 살 파트릭, 세 살 막내 사라는 일찌감치 일어나 거실에서 어린이 텔레비전 프로그램을 보고 있었다.

"여보, 얘들아! 배 안 고파?"

엘사의 말이 떨어지기가 무섭게 세 아이가 안방으로 뛰어들어와 침대를 점령했다. 온 가족이 한데 엉겨 행복을 만끽하는 순간도 잠깐, 좁아진 침대에서 아이들이 티격태격하기 시작했다.

"누구 하나 빠져줘야겠는걸. 몸이 제일 큰 아빠가 좀 비켜주실래요?"

큰아이 미아의 말에 아빠가 침대에서 빠져나갔다.

"그래 그래, 또 내가 당첨됐구나."

"나도 아빠 따라 나갈래, 여긴 재미없어."

둘째 파트릭도 아빠를 따라 일어났다.

"-우리 남자들이 여자들을 위해 아침을 차리자!"

아빠 마틴과 파트릭은 부엌으로 갔다. 그러자 막내 사라도 부엌이 더 재미있겠다며 따라 뛰어갔다. 세 살배기 사라도 아침 준비에 한몫을 한다. 아빠는 전기레인지를 켜거나 칼로 재료를 써는 '위험한 일'을 하고, 아이들은 재료를 꺼내다가 씻거나 식탁을 차리는 일을 돕는다.

식사가 다 준비되자 모두가 식탁에 둘러앉아 아침을 먹으며 오늘 할 일에 관해 두런두런 이야기를 나눈다. 그날 오후엔 미아의 축구 연습이 있어 엄마나 아빠 중 한 사람이 동행해야 하고, 또 이모네 가족을 저녁식사에 초대했으니 토요일 대청소를 오전에 부지런히 끝내야 했다.

논의 끝에 엄마가 미아의 축구 연습에 따라가기로 하고, 아빠는 집에 남아 저녁식사를 준비하기로 했다. 손님 초대 음식 준비는 언제나 아빠 몫이다. 양념 등심 숯불구이에 우유크림 감자 샐러드를 곁들일 생각이다. 엄마는 축구 연습에 다녀온 뒤 샐러드와 디저트 케이크를 굽기로 했다.

토요일 대청소는 온 가족의 주간 행사다. 청소하기 싫어서 아이들은 꾀를 부리기도 하고 한숨을 폭폭 내쉬기도 하지만, 어쨌든 각자 맡은 일을 열심히 한다. 아이들은 각자의 방을 청소하며 어질러 놓은 것들을 정리하고, 엄마는 온 집 안에 흩어져 있는 옷가지며 물건들을 치운다. 아빠는 설거지를 하고 방방마다 청소기를 돌린다.

점심을 먹고 엄마와 미아, 그리고 파트릭까지 축구장으로 떠나자, 집에 남은 아빠와 막내 사라는 부엌을 차지했다. 아빠가 저녁 요리를 준비하는 동안 사라는 아빠 옆에서 쉴 새 없이 종알거리며 질문을 쏟아낸다.

"아빠, 그건 뭐예요? 왜 그걸 부어 넣어요? 왜 꽃이 피어요? 봄에 숲속에 많이 피어 있던 아네모네는 다 어디로 가고 없어요? 꽃은 왜 시들어요? 우리도 그렇게 시드나요?"

아빠는 질문 하나하나에 성의 있게 대답해준다.

사라와 아빠는 고기를 재워 냉장고에 넣어두고, 우유크림을 사러 마트에 가기로 했다.

"사라, 유모차 탈래, 아니면 배낭의자?"

"배낭의자!"

사라가 마트까지 가는 길에 널려 있는 온갖 것들에 호기심을 쏟아내며 시간을 끌 것을 예상해, 아빠는 부러 질문을 던졌다. '걸어간다'는 아예 선택 번호에서 뺀 것이다. 이제 제법 컸다고 유모차를 아기용품 취급하는 사라를 위해 얼마 전 배낭에 의자가 달린 배낭의자를 샀다. 아이 마음대로 빠져나오기 힘든 배낭의자에 사라를 앉혀 업고서 아빠는 잰걸음으로 마트에 다녀왔다.

집에 돌아오니 시간이 꽤 흘렀다. 부랴부랴 커피를 끓이고 간식을 준비하는데 아내와 아이들이 들이닥쳤다. 간식을 먹고 잠시 쉬었다가 부부는 함께 저녁을 준비했다. 오후 6시, 이모네 가족이 초인종을 눌렀을 때는 뒤뜰에서의 식사 준비는 모두 끝나 있었다.

따뜻한 5월의 저녁, 아이들은 뜰에서 뛰어놀고 어른들은 고기를 굽고 와인을 마시며 즐겁게 담소를 나눴다. 아이들의 이모부는 술을 마시지 않았다. 여느 스웨덴 부부처럼 운전을 번갈아 하는데 이번에는 이모부의 차례였다.

손님들이 떠나고 아이들은 잘 준비를 했다. 일요일은 늦잠을 자도 되는 날이다. 특별한 일도 없고, 집 안 청소도 말끔히 되어 있어 여유롭다. 일요일 저녁도 조용하고 느긋한 시간이다. 엄마는 일요일 저녁식사 때면 결혼 선물로 받은 우아한 접시 세트와 수저를 꺼낸다. 이때만큼은 한껏 여유를 부리며 분위기 있게 식사를 할 수 있다. 일요일 저녁이면 아이들은 일찍 잠자리에 든다. 8시에 엄마는 사라에게, 아빠는 큰아이들에게 책을 읽어준다.

아이들을 재우고 나자, 엄마와 아빠는 다시 거실에 앉아 각자 달력을 꺼내 들고는 다음 주에 무슨 일이 있는지, 서로 어떻게 시간을 조율해야 할지에 대해 이야기한다. 수요일 저녁엔 엄마가 직장 동료들 모임이 있어 아빠가 아이들을 데려와 돌봐주고 저녁을 먹여야 한다고 달력에 적어둔다. 아빠도 3주 후에 다른 도시로 1박 2일 간의 출장 계획이 있다고 알린다. 국제회의에 참석하기 위해서다. 엄마는 달력에 기록하며 남편의 국제회의 참석이 너무 잦다고 불평한다. 둘 중 하나가 출장을 가면 다른 한 사람이 아이들을 학교에 보내고 데려오기까지 해야 해서 직장 일에 지장이 있기 때문이다.

목요일엔 특별한 일이 없는 한 엄마 아빠 모두 일찍 퇴근한다. 아이들의 축구 연습이 있고 일주일을 위한 장을 봐두어야 하기 때문이다. 엄마가 아이들하고 축구 연습을 하러 가면, 아빠는 좀 멀리 떨어진 큰 마트에 가서 장을 본다. 이 맞벌이 부부가 세 아이를 양육하려면 1분 1초의 빈틈도 없이 잘 계획하고 조율하지 않으면 안 된다.

이는 내가 지켜본 많은 스웨덴 가족들의 생활을 각색한 것이다. 우리 집도 마찬가지고 평범한 스웨덴 가족들의 일상은 이렇게 굴러간다. 보면 알겠지만 아빠와 엄마의 역할이 따로 없다.

스웨덴은 세계에서 남녀평등을 가장 잘 이룬 나라 중 하나다. 자녀가 어릴 때 부모는 둘 다 혹은 한 사람이 파트타임으로 일하며 자녀를 돌본다. 예를 들어 엄마가 아침에 자녀를 유아학교나 학교에 데려다주고 출근하면, 아빠는 일찍 출근한 대신 일찍 퇴근해 자녀를 데려오고 저녁을 준비한다. 이런 역할 분담을 부부는 매달 또는 매주 번갈아가며 하기도 한다. 또 저녁 시간에는 자녀들의 숙제를 도와주거나 취미 활동에 동참한다.

몸을 부대끼며, 눈을 바라보며,
말을 주고받으며 보낸 시간만큼
가족을 이어주는 끈의 매듭은 단단해진다.

누가 무엇을 하는가는 남자냐 여자냐의 문제가 아니라 개인적인 선호도와 더 밀접한 관계가 있다. 엄마 아빠 중 누가 음식 만드는 것을 좋아하는가? 누가 집 안이 어질러져 있는 것을 더 못 참는가? 누가 감정을 가라앉히고 차분하게 아이들에게 이야기를 잘하는가? 누가 정원 일을 좋아하는가? 누가 수학, 영어, 사회 같은 교과 과목을 잘하고, 누가 아이에게 이해하기 쉽게 잘 설명하는가? 누가 아이들과 잘 놀아줄 수 있는가?

이 모든 질문에 대해 반대로 '누가 무엇을 싫어하는가?'라는 질문도 할 수 있다. 이 모든 일에 대해 부모 각자의 선호도가 있을 것이다. 그런데 이런 선호도 또한 상황에 따라 달라질 수 있다. 숙련도의 차이가 있을 수 있지만 대개는 엄마나 아빠 누구나 할 수 있는 일이다. 엄마 아빠가 다 함께 해야 하는 일이기도 하다.

아이를 키우려면 할 일이 산더미다. 이 많은 일을 스웨덴에서는 부부가 성별과 관계없이 공평하게 나누어서 한다. 선호도뿐 아니라 서로의 일정에 따라서도 누가 어떤 일을 할지 정한다. 남편과 아내의 역할이 따로 정해져 있는 것이 아니라 함께 결정해나가는 것이다.

당신만
피곤한 거 아냐!

(남편의 이야기) 우리 두 사람이 스톡홀름의 한 학생 아파트에서 공식적으로 동거를 시작했을 때였다. 참고로 북유럽에서는 동거가 결혼만큼 흔하다. 같은 주소지로 이사만 하면 성립되는 동거는 결혼과 거의 동일한 법적 지위를 갖는다.

동거를 시작한 지 3개월쯤 지났을 때였을까. 하루는 공부로 지친 몸을 이끌고 집으로 왔다. 아내는 저녁 메뉴로 파스타 요리를 해놓고 기다리고 있었다. 식사를 준비해놓고 나를 기다리는 아내를 보며 나는 마치 고향집에 온 것처럼 가슴 한편이 따뜻해졌다.

저녁을 맛있게 먹고 늘 그랬던 것처럼 설거지를 하기 위해 싱크대 앞에 섰다. 스웨덴에서는 여자가 밥을 하면 남자는 설거지를 하는 것이 불문율이다. 그런데 그날따라 꾀가 났다. 심지어 집안일을 똑같이 나눠서 하는 게 불공평하다고 느껴지기까지 했다. '자기는 학부 공부를 하고 나는 그 힘든 박사 공부를 하는데 왜 집안일을 똑같이 해야 하는 거지? 게다가 난 남자고 자기는 여자인데' 하는 생각이 들었다.

나는 설거지물을 받다 말고 소파에서 쉬고 있는 아내에게 말했다.

"나 오늘 너무 피곤한데, 당신이 설거지하면 안 될까?"

그러자 아내는 잠시의 망설임도 없이 고개도 들지 않은 채 단호하게 말했다.

"나도 피곤해!"

나는 적잖이 충격을 받았다. 세상에 둘도 없이 착하고 순진하다고 생각한 여자가 이렇게 단호하게 반응하리라고는 예상하지 못했다. 내 어머니는 물론 누나와 여동생도 아버지나 남자 형제들이 뭔가 요청했을 때 아내처럼 대답한 적이 없었기 때문이다.

그 순간, 내가 항상 머리로만 생각하던 남녀평등의 개념이 너무나 추상적이었다는 것을 깨달았다. 진짜 남녀평등은 생활 속의 아주 작은 일에서부터 시작되는 것이었다. 말로만 떠드는 남녀평등의 허상이 산산조각 났다. 그 뒤로 나는 진정한 남녀평등을 몸에 익히기 위해 부단히 노력했다. 아내가 임신을 하면서 남편인 나의 역할은 더 중요해졌다.

엄마와 아빠의
경계 없는 육아

(남편의 이야기) 아내가 첫아이를 임신했을 때 처음으로 함께 경남 창녕의 시골 고향집을 방문했다. 그런데 한국의 생활 방식이나 관습에 대해 잘 알지 못했던 아내는 스스로 뭔가 일을 찾아서 하기가 쉽지 않았다. 고작 커피를 끓이거나 과일을 깎는 정도였지, 재래식 부엌에서 음식을 만들거나 설거지를 하는 것은 엄두도 못 냈다.

그렇다고 내가 대신 부엌에 들어가 일하는 것도 시골에선 허용되지 않았다. 그래도 아내를 대신해 다른 집안일을 거들었는데, 빨래가 그중 하나였다. 당시 시골집에는 세탁기가 없었기 때문에 나는 항상 장독대 앞의 수도꼭지 옆에 빨래판을 놓고 앉아 우리 부부의 옷을 일일이 손으로 빨았다. 할머니는 그 모습이 꽤나 재미있으셨던지 자주 마루에 앉아 손빨래하는 손자를 구경했고, 하루는 그런 할머니가 무료해하실까봐 빨래하던 옷을 들어 보이며 재롱을 떨었다. 그러자 할머니가 박장대소했다. 하필 그때 빨고 있던 옷이 아내의 팬티였기 때문이다. 할머니는 옆에서 커피를 타고 있던 아내에게 웃으면서 "남자가 저런 일 하는 거 아니다"라고 말했다. 그러자 아내는 서툰 한국말로 역시 웃으며 "괜찮아요, 남자들이 저런 거 많이 해야 해요"라고 되받아쳤다. 스웨덴에서는 남자가 집안일을 돕는 것만으로는 오히려 모자란다고 느껴질 정도였다. 스웨덴의 남편들은 아내의 임신부터 출산까지 '내 일'이라고 여기며 적극적으로 참여하기 때문이다.

스웨덴에서는 임신을 하면 산부인과의 '주치 간호사'가 배정되어 안내를 해준다. 주치 간호사는 임신 중에 주의할 사항, 식이요법과 운동, 출산에 대한 정보 등을 꼼꼼히 일러준다. 그리고 출산 시기가 비슷한 부부들이 병원에서 제공하는 출산 대비 운동 프로그램에 같이 참여한다.

우리도 일주일에 한 번, 90분 동안 이론과 호흡법, 긴장 이완법 등을 배웠다. 출산은 힘든 일이지만 이런 방법으로 고통을 줄일 수 있다는 이유에서다. 또 임신과 출산 과정에 남편이 참여하는 것이 중요하다고 강조했다. 이 프로그램에서는 열 쌍 정도의 부부가 나란히 누워 전문가의 지도에 따라 호흡하고 긴장을 푸는 방법을 훈련했다. 그리고 집에서도 매일 저녁 이 훈련을 반복했다.

드디어 첫아이가 태어난 날, 나는 분만실에서 17시간 가까이 아내 곁을 지켰다. 둘째, 셋째가 태어날 때도 분만실에서 아이를 직접 받아냈다. 스웨덴에서는 아이가 태어난 뒤 남편도 10일간의 법정 출산휴가를 사용할 수 있어, 나도 휴가를 얻어 아내의 산후조리를 도왔다.

앞서 말했듯 양육에서 집안일까지, 스웨덴에서는 대체로 성별에 따라 집안일과 바깥일로 구분하지 않는다. 거의 대다수가 맞벌이 부부여서 자녀도 함께 돌보고 집안일도 나눠서 한다. 그런데 한국의 친구들을 보면 아내를 도와주는 개념으로 양육과 집안일을 하는 것 같다. 한 친구의 아내는 나에게 하소연을 하기도 했다.

"남편이 주말에 청소기를 한 번 돌려주거나 한 달에 두어 번 쓰레기봉투를 내다 버리면 저를 엄청나게 배려해준 것처럼 기고만장해요. '나처럼 가정적인 남편이 세상에 어디 있냐'면서 말이에요."

스칸디 대디는 육아나 가사를 '도와준다'는 시각에서 보지 않는다. 그러니 생색 낼 일도 아니다. 스웨덴 직장에서 남자 직원들과 대화를 하다 보면 육아와 가사에 대한 이야기를 많이 한다. 어떤 기저귀는 공기가 잘 통하지 않아 아이 건강에 좋지 않다느니, 어떤 유모차는 바퀴가 너무 작아 잘 굴러가지 않는다느니 하는 얘기를 일상적으로 한다. 그러나 한국 친구들에게서 듣던 "집안일을 도와주

니 아내가 좋아하더라"라는 식의 얘기는 들어본 적이 없다.

　나는 나름대로 최선을 다해 아내의 산후조리부터 육아와 가사에 동참했다. 아이들이 커서는 학교에 데려다주고 데려오는 일, 장 보는 일, 선생님 면담 가는 일, 아이의 공부를 도와주고 놀아주는 일, 아이들 잠자리를 봐주는 일, 거기에다 집수리 같은 남자들 전문 분야 일까지……. 그러나 남자인 내가 아무리 가사일을 돕는다 해도 아내가 하는 것만큼은 아니라는 걸 나는 알고 있다.

　사실 내가 잘 못하거나 책임지기 싫은 일은 아내에게 미뤘다. 예를 들어 우리 가정 경제를 돌보고, 식단을 짜서 그에 맞게 장 볼 목록을 작성하고, 빨래를 옷감 종류와 색깔에 따라 다른 수온과 세탁 모드로 세탁하는 일 등 나는 아직도 기피하는 일이 많으며 소소한 집안일도 대체로 아내가 다 하곤 했다.

　자고로 집안일이란 열심히 해도 티가 잘 나지 않는다. 그렇다고 설렁설렁 했다간 수고는 수고대로 들고 아예 하지 않은 것만 못하게 되어버린다. 해도 티 안 나고 안 하면 더 티 나는, 수두룩하게 널린 집안일을 하면서 아내를 돕는 것이 아니라 나의 일을 하는 것이라고 생각하는 경지에 이르기까지 오랜 시간이 걸렸다. 전형적인 북유럽 남자, 스칸디 대디의 일상적인 일을 큰 갈등 없이 자연스럽게 할 수 있게 되기까지, 나에게는 결코 쉽지 않은 시간이었다. 머릿속으로는 합리적인 페미니스트라고 자부했지만 행동은 남성 중심적인 경상도 사나이로 돌아가는 경우가 많았다. 그런 나를 아내는 여자의 영역이라고 여기기 쉬운 출산과 양육으로 기가 막히게 끌어들였다. 아내가 아니었다면 오늘날 나의 변화는 불가능했을 것이다. 그 시간을 함께하지 않았다면 진정한 행복이 무엇인지, 행복이 어디에 있는지 오늘까지도 알 수 없었을 것이다. 참으로 아내에게 감사하지 않을 수 없다.

Chapter

북유럽
사람들의 중심에는
가족이 있다

나는 좋은
아버지인가?

(남편의 이야기) 언젠가 핀란드의 한 장관이 아침에 일어나면 가장 먼저 자신에게 이런 질문을 한다는 얘기를 들은 적이 있다.

첫째, 나는 좋은 남편인가?

둘째, 나는 좋은 아버지인가?

셋째, 나는 좋은 장관인가?

다소 거창하게 들릴지 모르겠지만 북유럽 사람들이 무엇을 가장 중요하게 생각하는지를 알 수 있는 대목이다. 한국의 아버지라면, 더군다나 장관쯤 되는 사람이라면 일이 더 중요하다고 생각할 것이다. 그러나 북유럽 사람들의 중심에는 가족이 있다. 그래서 사회적인 역할을 생각하기에 앞서 자신이 좋은 배우자인지, 좋은 부모인지를 먼저 생각하는 사람이 많다.

스웨덴에 처음 왔을 때 나는 모든 것이 가족 중심으로 돌아가는 사회 분위기에 깊은 인상을 받았다. 서양 사람들은 독립적인 삶을 지향하고 공동체보다 개인의 성취를 중시한다고 알고 있었기 때문이다. 그런데 스웨덴 사람들은 사회적인 성공이나 일보다는 가족이 언제나 먼저였고, 되도록이면 모든 일을 가족과 함께하려고 했다.

우리 가족도 예외는 아니었다. 거의 매일같이 온 가족이 모여 저녁식사를 하고, 아이들이 어릴 때는 책을 읽어주거나 공부를 도와주고, 블록 쌓기 놀이를 하며 시간을 보냈다. 승마를 좋아하는 막내 정인이와 아내를 위해 저녁 시간이면 가족이 우르르 몰려가 승마장에서 살다시피 했다. 집안일도 아이들을 포함해 온 가족이 나눠서 했다.

주말이나 휴가 때는 온 가족이 스톡홀름 시내의 박물관이나 놀이 시설을 찾았다. 가족 여행을 가기도 하고, 멀리 가지 못할 때는 집 근처 호숫가에서 함께 시간을 보냈다. 여름엔 수영을 하고, 겨울엔 얼음과 눈으로 덮인 호수에서 스케이트나 스키를 탔다. 크리스마스, 신년, 부활절 휴가 때는 아이들 외가 친척들과 함께 지냈다. 특히 처제네 가족과는 매년 일주일씩 스웨덴 북부나 알프스에 함께 머물며 스키를 즐겼다.

이처럼 스웨덴을 비롯한 북유럽 사람들은 가족 중심으로 생활한다. 그리고 가족의 중심에는 아이들이 있다. 그래서 아이 친구들의 가족과도 곧잘 어울린다. 우리 가족도 아이 친구들 가족과 함께 운동이나 승마를 즐기고, 산에서 동굴 찾기, 야생화 찾기 놀이를 하곤 했다. 같이 바비큐 파티를 하기도 했다. 여름에는 도시락을 싸 들고 호숫가에 가서 한데 어울려 수영을 하거나 일광욕을 즐겼다.

처음에는 의아하게 느꼈던 가족 중심 문화지만 스웨덴에서 살다 보니 왜 그런 문화가 형성되었는지 이해가 갔다. 북유럽은 여름을 제외하고는 대체로 낮이 짧아 빨리 어두워진다. 거의 모든 사람들이 오후 4~5시가 되면 퇴근을 하고, 저녁 6시면 웬만한 가게들은 문을 닫는다.

한국처럼 퇴근 후 회식을 하는 경우도 거의 없다. 식당 문화 자체가 우리와 같은 회식 문화에 적합하지 않아서다. 남자들이 유흥을 즐기는 나이트클럽이나 룸살롱도 찾아보기 힘들고, 간혹 있더라도 눈이 돌아가게 비싸다. 호프집에서 맥주 한두 잔으로 목을 축이고 집으로 들어가는 게 그곳의 술 문화다. 게다가 간단한 저녁식사 한 끼, 와인 한 잔도 헉 소리 나게 비싸서 집 밖에서 뭘 먹을 엄두를 내기 힘들다. 이런 환경에서라면 누구라도 가정적이 될 수밖에 없을 것이다.

기러기아빠?
말도 안 되는 소리!

　　스웨덴의 종합 통신 회사인 '에릭손(Ericsson Inc)'에 근무하는 우리의 친구가 미국으로 파견 근무를 갈 기회가 생겼다. 훨씬 많은 보수에 아이들도 영어를 배울 수 있는 절호의 기회였기 때문에 친구는 가족에게 미국으로 함께 가서 몇 년 살자고 제의했다. 그러나 간호사인 아내의 반대로 미국행은 성사되지 않았다. 가장 큰 이유는 친구 아내의 어머니가 몸이 불편했기 때문이다.

　우리가 알고 지내는 또 다른 가족의 경우도 남편이 중국으로 파견 근무를 갈 수 있는 좋은 기회가 생겼지만 마음을 접었다. 아이들이 스웨덴에서 학교를 다니길 원했기 때문이다. 남편 혼자서 중국에 갈 수도 있었지만 대부분의 스웨덴 사람들은 높은 보수에 출세가 보장되는 기회라도 가족이 반대하거나 가족과 떨어져 살아야 한다면 기꺼이 기회를 접어둔다. 이것이 스웨덴을 비롯한 북유럽 사람들의 보편적인 정서다.

그러니 자녀교육을 위해 엄마는 아이와 함께 타국으로 유학을 떠나고 아빠는 한국에 남아 일을 하는 한국의 '기러기아빠' 현상을 북유럽 사람들은 좀처럼 이해하기 어려울 것이다. 이들은 아이에게 가장 중요한 것은 가족과 함께하는 삶이라고 생각하기 때문에 어린 자녀가 혼자서든 엄마와 함께든 유학을 떠나는 일을 이해하지 못한다. 물론 다른 나라에 비해 스웨덴의 교육 환경이 좋기 때문에 굳이 유학을 떠날 필요가 없다는 이유도 있겠지만, 가족은 함께해야 한다는 북유럽 사람들의 가치관이 절대적으로 작용한다고 볼 수 있다.

물론 한국 사람들도 가정을 중요하게 생각한다. 그런데도 많은 이들이 가족이 떨어져 살 수 있는 상황이 벌어졌을 때 북유럽 사람들과는 다른 결정을 내리는 이유는 무엇일까? 내 생각엔 '행복'과 '양육'에 대한 관점이 서로 다르기 때문인 것 같다.

북유럽 사람들은 가족이 함께 시간을 보내며 마음을 나누고 소통하는 것을 행복과 양육의 최우선 조건으로 보는 반면, 한국 사람들은 가족과 함께하는 것도 중요하지만 돈을 벌어 풍족하게 살고 자녀를 열심히 뒷바라지해서 좋은 대학에 보내는 것을 더 중요시하는 것 같다. 그것이 곧 가족이 행복해지고 자녀를 성공적으로 양육하는 길이라고 생각한다.

한국의 아버지들은 자신의 사회적인 성공을 위해 가정은 뒷전에 두거나, '가정을 돌보는 것은 아내의 일'이라고 생각하는 경우가 많다. 또 많은 부모들이 아이들의 성공을 위해 이산가족을 자청한다. 그런데 그들이 바라는 성공이 과연 무엇인지 의문이 든다. 결코 되돌아오지 않을 시간을 떨어져 지내며 얻은 성공은 과연 누구를 위한 것일까?

남편은 단지 성공에 매달리지 않고 가족을 삶의 중심에 두려고 노력했다. 아주 특별한 경우를 제외하고는 가족과 되도록 많은 시간을 보내며 대화를 나누려고 했다. 몸을 부대끼며, 눈을 바라보며, 말을 주고받으며 보낸 시간의 양만큼 가족을 이어주는 끈의 매듭은 단단해지기 때문이다.

보너스 아빠,
보너스 엄마

오늘날의 가족은 이혼과 재혼이 빈번해져 전통적인 가족 형태와는 많이 다르다. 한국에서는 전통적인 가족 외에는 모두 '결손가정'이라고 불러 아이들에게 상처를 준다. 그러나 스웨덴에서는 이를 '가족해체'로 보지 않는다. 이혼한 부모의 재혼으로 인해 생기는 새아빠, 새엄마, 새조부모 그리고 새 형제자매들을 스웨덴에서는 '보너스 아빠', '보너스 엄마' 등으로 부르고 이들 모두를 가족 개념에 포함시킨다. 이러한 가족을 '무지개가족'이라고도 부른다. '무지개가족'은 원래 동성애자의 가정을 뜻했지만, 지금은 현대사회에 등장한 다양한 가족 유형을 통칭하는 말이 되었다.

이처럼 스웨덴에서는 부모가 이혼해도 양쪽 부모는 물론 친척들과도 계속 관계를 유지한다. 아이들은 돌아가면서 양쪽 부모 집에서 살고 부모가 재혼을 하면 '보너스'로 새 친척들을 얻게 될 수도 있다. 어떤 상황에서도 아이들은 부모와 친척을 모두 가질 권리가 있다.

우리의 친구인 페테르는 부인 카타리나와 몇 년 전에 이혼했다. 이 부부 사이에는 열네 살짜리 아들 울라와 열 살짜리 아들 투레가 있다. 울라는 엄마와 아빠 집에서 일주일씩 번갈아 살다가 얼마 전부터 1주씩 더 머물기로 결정했다. 자주 집을 옮겨 다니는 게 힘들어 부모와 상의한 후에 2주씩 지내기로 한 것이다.

그러나 투레는 바꾸고 싶지 않았다. 엄마 집에 있을 땐 아빠가 그립고 아빠 집에 있을 땐 엄마가 그리워서였다. 엄마나 아빠를 못 보는 2주는 너무 길다고 생각했다. 그래서 울라와 투레는 일주일은 아빠 집에서 함께 지내고 2주째에 투레는 엄마 집으로 옮긴다. 울라는 일주일 더 있다가 엄마 집으로 옮기고 동시에 투레는 아빠 집으로 옮긴다. 그리고 일주일 후에는 둘 다 엄마 집에서 일주일을 지낸다.

이런 방식이 한국 사람들에게는 아마 신선하면서도 충격적일 것이다. 과연 아이들은 어떻게 생각하는지 궁금해서 페테르와 카타리나, 그리고 아이들을 만났을 때 지금의 생활 방식이 어떠냐고 물었다. 다음은 각자의 의견을 정리한 것이다.

♥ **카타리나**(엄마) 난 이 새로운 시스템이 더 좋은 것 같아요. 그전에는 혼자 지내는 시간이 많아서 좀 쓸쓸했는데 이제는 한 달에 일주일만 혼자 지내거든요. 아이들이 모두 아빠 집에서 지내는 주간에는 직장 일을 좀 더 할 수 있고, 아이들이 나한테 오는 주간에는 직장 일을 조금 일찍 마치고 아이들과 시간을 보낼 수 있어서 좋아요. 큰아들 울라는 이제 많이 커서 학교 끝나는 시간이 늦고, 방과 후엔 또 테니스를 치기 때문에 집에 오는 시간이 나와 비슷해요. 걔는 거의 모든 것을 스스로 잘해내죠.

작은아들 투레는 내가 더 신경 써주고 뭔가 함께해주기를 바라죠. 투레와 나 단둘이서만 지내는 주간엔 함께 팝콘을 먹으며 영화를 보는 등 특별한 계획을 짜요. 울라가 나와 지낼 때는 10대에게 맞는 활동을 같이 하려고 하죠. 아이들이 둘 다 있을 때도 즐겁지만 울라와 단둘이 있을 때는 대화하는 시간이 많아서 좋아요.

♥ **페테르**(아빠) 울라가 2주씩 함께 있고 투레가 매주 왔다 갔다 하니 직장 일 하는 게 좀 어려워지긴 했어요. 울라는 이제 혼자서도 제 할 일을 거의 다 할 수 있긴 해도 저녁에 혼자 두고 싶지는 않아요. 일이 많아 늦게 귀가할 경우엔 아이들이 둘 다 있는 편이 더 안심이 돼요. 그 외에는 아이들이 한 명씩 함께 지내는 게 좋고요.

사실 이혼하고 나서 아이들과 더 가까워졌어요. 카타리나는 언제나 아이들에 대해 자기가 더 잘 안다고 생각했고 나도 그렇게 생각했죠. 아내가 아이를 키우는 방법도 좋지만 요즘 와서 생각해보면 서로 방법이 다를 뿐이지 내 방법도 괜찮은 것 같아요. 우리의 양육 방식이 좀 다르다고 해서 아이들에게 해로운 것은 아니거든요.

가끔 아이들이 나와 카타리나에게 똑같은 질문을 해요. 우리의 대답을 비교해보면 서로 좀 다르게 대답한 것도 있더라고요. 하지만 그게 그렇게 중요하지는 않다고 생각해요. 이 세상 자체가 모순 덩어리이고 같은 목적도 다른 방법으로 도달할 수 있으니까요. 아이들이 우리에게 각기 다른 조언을 듣고 그걸 종합해서 어떻게 생각하고 행동할지 스스로 결정하는 게 바람직하다고 생각해요. 중요한 건 부모가 아이들 곁에 있고, 아이들이 원할 땐 언제든지 만날 수 있어야 한다는 거예요.

나는 오히려 이혼 후에 더 유연해져서 아이들 일에도 적극적으로 협조해요. 이혼 직전에는 사사건건 싸움이 끊이지 않아서 아이들도 무척 힘들었을 거예요. 물론 아이들이 지금처럼 두 집을 왕래하며 사는 건 쉽지 않은 일이죠. 하지만 이혼은 우리 네 명 모두에게 최선의 선택이었다고 생각해요.

♥ **울라**(큰아들) 매주 엄마 아빠 집을 옮겨 다니며 지내는 게 무척 힘들었어요. 한 곳에 적응할 만하면 또 옮겨야 했으니까요. 이제는 2주씩 번갈아 가며 오가니 지낼 만해요. 2주 동안 동생을 안 보니 아주 조용하고 동생이 집 안을 어질러놓지 않아서 좋아요. 동생한

테 방해받지 않고 엄마나 아빠하고도 조용히 얘기할 시간이 생겼고요. 투레는 엄마 아빠가 같이 살기를 원하지만 전 아니에요. 이혼 전의 힘든 날들을 저는 다 기억해요. 사는 방식은 서로 달라도 엄마 아빠 집 둘 다 좋아요. 엄마랑 2주를 같이 지내면 좀 싫증이 나는데 그땐 아빠 집으로 가면 되죠. 반대로 아빠 집에 2주 동안 살고 나서는 엄마한테 돌아가면 되고요.

엄마 아빠는 많이 달라요. 달라서 더 좋은 점이 있고요. 엄마는 질문을 많이 해서 좀 피곤하긴 해도 덕분에 이야기를 많이 하게 되죠. 아빠는 언제나 시간을 내서 대화해주고 저를 어른처럼 대해줘서 좋지만, 물어보는 게 별로 없어서 제가 하고 싶은 얘기가 있어도 새삼스럽게 꺼내지 못하는 경우가 많아요. 가끔 아빠는 제가 엄마와 어떤 이야기를 했고, 그것에 관해 어떻게 생각하는지 물어보기도 해요. 엄마 아빠의 생각이 다를 경우에는 그 사이에서 혼란스러운 게 아니라 오히려 많은 도움이 돼요. 다양한 의견을 들을 수 있으니까요.

♥ **투레**(작은아들) 아빠 집에 있을 때는 엄마가 보고 싶고, 엄마 집에 있을 때는 아빠가 그리워요. 그래도 원하면 언제든지 전화할 수 있어서 괜찮아요. 어쨌든 저는 엄마 아빠 집에서 매주 번갈아 가며 지내는 게 좋아요. 물론 엄마 아빠가 같은 집에서 살면 최고겠지만 같이 살 때는 별로 행복하지 않았어요. 매일 싸우느라 아무도 저하

고는 시간을 같이 보내지 않았죠. 싸우지 않을 때도 아빠는 신문만 보고 엄마는 전화 통화만 했어요. 이젠 엄마 아빠가 거의 싸우지 않아 너무 좋아요.

스웨덴에서도 예전에는 부모가 이혼을 하면 아이들은 부모 중 한쪽, 대체로 아빠를 잃는 경우가 많았다. 그러나 지금은 이혼 후에도 부모가 공동으로 아이에 대한 양육권을 갖는다. 즉 부모는 자녀 양육에 관해 대화를 이어가고 서로 협력해야 한다. 이혼한 부모가 멀리 떨어져 살지만 않으면 아이는 1~2주씩 엄마 아빠 각자의 집에서 번갈아 가며 산다. 멀리 떨어져 사는 경우엔 학교 등의 문제로 인해 한쪽 부모와 살기도 하지만 다른 한쪽과도 정기적으로 만나 시간을 보낸다. 아이들은 어떤 상황에서도 양쪽 부모 모두와 가까이, 정기적으로 만나며 살 권리가 있다.

한국에서도 부부가 이혼할 때 가장 쟁점이 되는 문제 중 하나가 자녀의 양육권이다. 그런데 아이들의 정서 안정을 이유로 어느 한쪽 부모가 도맡아 길러야 한다는 생각은 재고해볼 필요가 있다. 한쪽 부모와 사는 것이 아이들에게 정말 바람직한 일일까? 양쪽을 번갈아 오가며 사는 불편함보다 엄마나 아빠를 뺏는 것이 아이에게 더 치명적이지 않을까?

스웨덴 가정에선 언제나 아이가 먼저다. 부모는 아이의 양육에 대해 동일한 권리를 가진다. 또 아이의 성장과 행복을 공동으로 책임지고 아이의 욕구를 충족시킬 의무가 있다. 아이를 키우는 스웨덴 부모들의 머릿속에 언제나 맴도는 질문은 '아이에게 최선은 무엇인가?'이다. 물론 화목한 가정을 이루는 것이 최선이지만 세상일이 어디 뜻대로 되나? 그렇기 때문에 부모가 이혼하더라도 아이가 성장하는 동안 엄마 아빠 모두를 만날 수 있게 해야 하는 것이다. 어느 한쪽 부모에게 차별을 두어서는 안 된다.

Chapter

스칸디 부모는
모든 가능성을
열어둔다

부모에게 남녀평등을 배우는
스웨덴 아이들

평등 중에서 매우 중요한 것 중 하나는 바로 남녀 평등이다. 다른 많은 문제도 마찬가지지만, 남녀평등 문제에서는 특히 부모가 모범이 되어야 한다. 미래에 당신의 딸과 아들이 배우자와 어떤 관계를 유지하며 살기를 원하는가? 성별에 따라 나뉜 고정된 역할을 하기를 원하는가? 아니면 그런 기준에서 벗어나 좀 더 자유롭게 살기를 원하는가? 그렇다면 부모는 어떻게 해야 아이들에게 모범이 될 수 있을까?

스웨덴에서는 대체로 아이가 1년 6개월이 지나면 유아학교에 보낸다. 앞서 설명했듯이 지방자치단체에서 운영하는 유아학교는 비용의 대부분을 세금으로 충당하기 때문에 부모가 지불하는 비용이 많지 않다. 우리 아이들 역시 모두 유아학교에 다녔다. 아이들을 데리러 유아학교에 갈 때면 아이들이 어울려 노는 모습을 지켜볼 기회가 많다.

아이들에게 인기 만점인 놀이는 단연 소꿉놀이다. 그런데 아이들의 소꿉놀이를 가만히 지켜보면 그 아이들의 가정에서 무슨 일이 일어나고 무슨 대화가 오가는지 엿볼 수 있다. 아이들이 가장 좋아하는 사람은 언제나 자기 부모다. 그래서 부모를 닮고 싶어 한다. 부모가 하는 것을 보고 배우는 아이들은 소꿉놀이 때 부모의 모습을 그대로 재연한다. 또 자신이 경험했지만 이해할 수 없었던 일들을 소꿉놀이에서 재연하면서 더 잘 이해하게 된다.

하루는 아이를 데리러 유아학교에 갔는데, 한편에서 아이들 몇몇이 모여 소꿉놀이를 하고 있었다. 나도 아는 아이들이었다. 그날은 마리아가 엄마, 라세가 아빠가 됐다. 안나와 펠레는 아이들 역할을 맡았다. 시간 배경은 토요일, 아빠 라세는 막내 펠레와 함께 집에서 빵을 굽고 싶어 한다. 반면 엄마인 마리아는 남편이 첫째 안나를 데리고 축구 연습을 하러 갔으면 한다.

"축구 연습은 아빠인 네가 따라가야지!"

마리아의 말에 라세가 대꾸한다.

"난 공 차는 것보다 빵 굽는 게 훨씬 좋아! 아빠라고 해서 왜 언제나 밖에 나가야 하는데? 난 집에서 재미있는 일을 하고 싶단 말이야.”

“아빠들은 아이들과 밖에 나가는 걸 좋아한다고! 아빠들은 집에 너무 오래 있으면 짜증 낸단 말이야. 축구장에 가면 다른 아빠들도 있고 예쁜 엄마들도 많잖아!”

“그래도 난 싫어. 난 집에서 펠레랑 빵과 과자를 구울 거야. 그리고 너희가 올 때에 맞춰 점심을 준비할게. 우리가 집에 있으면 노는 줄 아나 본데……”

“알았어. 그럼 다음엔 네가 축구 연습에 데려가기다!”

소꿉놀이에 몰입한 아이들이 토론 아닌 토론을 벌이더니 타협점을 찾았다. 엄마는 집에서 과자를 굽고 아빠는 밖에 나간다는 고정된 성 역할은 없었다. 아이들이 부모의 모습을 보고 배운 것이다.

아이들 모두가 엄마 역할을 하고 싶어 하면 돌아가면서 하기도 한다. 어른들이 생각하듯 언제나 남자아이는 아빠가 되고 여자아이는 엄마가 되는 게 아니다. 둘 다 엄마가 되기도 하고 아빠가 되기도 한다. 남자아이인 라세가 엄마가 되고 싶다고 해도 아무도 이상하게 생각하지 않는다. 오히려 아이들은 자신의 성과 무관하게 엄마 아빠 둘 다 되어보면서 양쪽 부모를 다 이해할 수 있는 기회를 갖게 된다.

평등한 아들과 딸,
가능성이 열린다

스웨덴 친구 부부의 집에 저녁식사 초대를 받아 갔을 때였다. 이 부부에게는 세 살배기 아들이 있었다. 내가 도착했을 때, 친구 부부는 함께 저녁을 준비하고 있고 아들 필립도 그 옆에 서서 한몫 거들고 있었다. 아이는 음식을 만든다기보다 조리 도구를 이것저것 꺼내놓고 장난치는 걸로 보였다. 그런데 친구 부부는 걸리적거린다고 혼내기는커녕 잘한다고 격려하고 있었다. 아이는 빈 국자를 들고 나에게 자기 음식을 먹어보라는 시늉까지 했다. 친구는 아들이 요리에 취미가 있는 것 같다며 기뻐했고, 얼마 안 있어 아이에게 장난감 오븐과 냄비, 접시 세트를 사줬다.

만약 한국에서 남자아이가 부엌에서 장난감 오븐을 가지고 노는 걸 보면, 그건 여자아이나 하는 놀이라며 나무라는 사람들이 있을지 모르겠다는 생각이 들었다. 스칸디 부모는 자녀를 '남자냐 여자냐'로 보기 전에 아이가 '무엇에 관심이 있느냐'를 먼저 본다. 우리 큰아들도 어릴 때부터 요리하는 걸 좋아했다. 이제 청년이 되었지만 지금도 요리하는 것을 좋아해서 가끔 집에 오면 맛있는 음식을 척척 만들어 내놓는다. 고정된 성 역할에 얽매이지 않고 다양한 가치관을 가지고 살아가는 스칸디 아이들은 그래서 더 자유롭고 행복해 보인다.

그런가 하면 필립과는 대조적으로 아주 터프한 여자아이도 있다. 우리 이웃집에 살던 아홉 살 카타리나는 청바지를 즐겨 입고, 학교 동산에서 판자나 나무 막대기로 오두막 짓기를 좋아했다. 카타리나의 부모는 딸이 주변을 의식하며 살기보다는 자기 주관을 갖고 능력을 십분 발휘하며 주체적인 인간으로 성장하기를 바라는 사람들이었다.

또 카타리나는 옳지 않다고 생각하는 일 앞에서는 제 뜻을 당당히 밝히는 아이였다. 한번은 이런 일도 있었다. 3학년인 카타리나의 반은 목요일마다 6학년과 점심을 같이 먹었다. 6학년 아이들은 언제나 좀 늦게 왔고, 몇몇 남학생들은 줄 서 있는 3학년 아이들 앞에서 새치기를 하곤 했다. 첫 주에 카타리나는 6학년 학생들이 새치기하는 것을 보고 참았지만 그다음 주엔 가만히 있지 않았다. 새

아이를 키우는 스웨덴 부모들의 머릿속에
언제나 맴도는 질문은
'아이에게 최선은 무엇인가?'이다.

치기하는 남학생들 앞을 가로막고 서서 "새치기 하면 안 돼!"라고 단호하게 소리쳤다. 당황한 6학년 남자아이들은 찍소리도 못하고 줄 뒤쪽으로 물러났다.

카타리나는 한마디로 '여장부' 같은 아이였다. 한국에서는 여장부 같다는 말은 칭찬으로 받아들이기 힘들다. 누군가는 '여자아이가 얌전하고 조신해야지'라고 생각할지도 모른다. 그러나 카타리나는 타고난 개성을 자유롭게 발산하며 행복하게 자랐다. 남자나 여자이기 이전에 '진정한 나'가 되도록 가르치는 스칸디 부모들의 교육 방식 덕분이다.

옛날 스웨덴 교과서나 동화책에 실린 그림을 보면 하나같이 남자는 밖에서 일하고 여자는 집안일을 하는 모습이 담겨 있었다. 남성은 사회적이고 대외적인 일, 여성은 자녀 양육과 집안일에 전념해야 한다는 가치관을 무의식 중에 아이들에게 주입한 것이다. 한국도 예외가 아닐 것이다.

또 예전에는 여학생은 '가사', 남학생은 '기술'로 교과를 나누어 고정된 성 역할을 가르쳤다. 물론 요즘은 중학교 때 '기술가정'을 통합 교과로 배운다고 들었다. 그러나 스웨덴에서는 오래전부터 남학생 여학생 구분 없이 목공이나 재봉을 가르쳐왔다. 초등학교에서는 한 학기에 목공을 선택하면 그다음 학기에는 재봉을 선택해야 한다.

많은 사회가 성에 따라 다른 역할을 하는 구조 위에 세워져 있다. 여자아이를 대할 때와 남자아이를 대할 때 목소리부터 바뀌는 부모가 여전히 많다. 장난감을 사줄 때도 여자아이에겐 인형을 사주고 남자아이에겐 자동차 장난감을 사준다.

놀이와 복장도 마찬가지다. 여자아이들에겐 밝고 예쁜 옷을 입히고 남자아이들에겐 어둡고 실용적인 옷을 입히는 부모가 많다. 여자아이는 차분히 앉아 놀며 옷을 더럽히지 않을 것이다, 더럽히지 않아야 된다고 생각하기 때문이다. 남자아이들은 활동적이어야 한다고 생각해 청바지 같은 편안한 옷을 입힌다. 남자아이는 울면 안 되고 씩씩해야 한다거나, 여자아이는 얌전하고 친절해야 한다고 생각한다. 그런데 이처럼 고착된 성 역할은 아이들에게 일종의 덫이 되어 자연스러운 성장을 억누를 수 있다.

여자아이든 남자아이든 주위의 모든 것을 탐구하고 여러 가지를 시험해볼 필요가 있다. 다양한 활동과 놀이를 해봐야 한다. 남자아이 여자아이 구분 없이, 숲속을 헤집고 다니며 뛰어놀거나 차분히 앉아 그림을 그리고 책을 읽고 뜨개질을 할 수도 있다. 이렇게 자라난 아이들에게 남녀평등은 공부하고 연습해야 하는 숙제가 아니라 당연하고 자연스러운 생활이 된다.

무엇보다 아이의 가능성이 배가 된다는 사실이 중요하다. 딸이 유명한 축구선수가 될 수도, 아들이 유명한 발레리노가 될 수도 있다. 스칸디 부모는 모든 가능성을 열어둔다. 그래야 아이들은 타고난 재능을 자유롭게 발전시킬 수 있어서다.

형제자매 간에도
차별이나 서열은 없다

 스칸디 부모는 성별뿐 아니라 형제간에도 차별을 두지 않는다. 모든 아이들은 똑같이 존중받아야 하고 나이가 위든 아래든 다르게 대우하지 않는다. 한국의 경우 맏이에게는 '너는 형(누나)이니까'라면서 참으라고 하거나 동생에게 양보해야 한다고 가르친다. 또 동생에게는 '너는 동생이니까'라면서 형이나 누나가 시키는 대로 따라야 한다고 말한다.

그러나 스웨덴에서는 형이라고 해서 동생에게 심부름을 시키거나, 잔소리나 꾸지람을 하거나, 명령한다는 것은 절대 있을 수 없다. 오빠가 여동생의 남자친구에 대해 왈가왈부한다? 한국에서는

"그럴 수 있지"라는 반응이 대부분이지만 스웨덴에서는 그런 일 자체가 거의 없다. 나이를 떠나 형제자매들은 서로를 존중하는 평등한 관계에 익숙하기 때문이다. 만약 형제자매끼리 서로 불만이 있으면 부모와 상의를 한다. 형제 사이는 위계 없이 철저하게 수평적인 관계다.

중동에서 온 이민자 가정에서 소위 말하는 '명예살인'이란 게 일어나 스웨덴 사회를 발칵 뒤집어놓은 일이 여러 번 있었다. 이민자 가정의 딸이 성장하면서 스웨덴 남자를 만나 연애하고 동거하는 일을 받아들이지 못하고 아버지와 오빠들이 가족의 명예를 더럽혔다며 살인을 저지르는 것이다. 비록 살인까지 가지는 않더라도 이러한 행태는 여성의 사생활을 사사건건 간섭하며 무력을 사용해서라도 통제하려고 하는 가부장적인 문화다. 스웨덴 사회에서는 상상도 못할 일이다.

우리 부부는 개성이 다른 세 아이를 키우며 성별이나 나이와 관계없이 각자를 하나의 인격체로 대했다. 아이들은 저마다 다르고, 모든 아이에게 맞는 교육법이란 없다. 아이가 태어나 세상을 알아가듯 부모도 그 아이에 대해 호기심을 갖고 배워야 한다. 딸이지만 스포츠를 좋아할 수도 있고 막내지만 리더십이 뛰어날 수도 있다. 어떤 편견이나 고정관념 없이 아이 그 자체를 바라보고 인정할 때 아이의 가능성은 더욱 커진다.

혼자 똑똑한 사람으로
키우지 않는다

협력을 통해
'동료 효과'를 가르친다

 (남편의 이야기) 스웨덴에서는 유아 때부터 협력을 통해 '동료 효과(peer effect)'를 끌어내도록 가르친다. 공부도 마찬가지다. 내가 아는 것과 친구들이 아는 것을 합치면 훨씬 좋은 결과를 낼 수 있다고 가르친다. 경쟁이 아닌 협력, 이것이 스웨덴 교육의 핵심 동력이다.

스웨덴의 학교에서 선생님들이 많이 활용하는 학습 방법은 학생들을 두세 명씩 묶어 같이 공부하게 하는 것이다. '프로젝트 수업', '모둠 수업', '협력 수업' 등의 이름으로 부를 수 있는데, 한 그룹의 학생들이 하나의 주제에 대해 함께 논문을 작성하고 발표해야 한다. 난이도의 차이는 있지만 초등학교 4학년부터 대학원까지 이런 식의 수업을 해나간다.

이런 수업 방식에 적응이 되어 있지 않던 나는 스웨덴에 유학 온 초기에 많은 어려움을 겪었다. 스톡홀름 대학에서 정치학과 박사과 정을 밟던 때였다. 학위논문을 쓰려면 '정치이론'과 '양적방법론'이 라는 두 과목을 이수해야 했다. 그중 양적방법론 수업이 바로 이런 방식이었다. 나를 포함해 총 여섯 명의 학생이 있었는데, 세 명씩 한 그룹이 되어 주어진 과제를 페이퍼로 작성해 제출해야 했다. 그 리고 각 그룹의 대표가 발표를 하고, 다른 그룹 학생들과 교수들의 질문과 비판을 받으며 토론하는 방식으로 수업이 진행되었다.

그런데 우리 그룹의 다른 두 학생은 양적방법론에 그리 관심이 많지 않은 듯했고, 그나마 내가 어느 정도 수업을 따라가고 있었다. 그러다 한번은 주어진 문제에 대해 페이퍼를 작성해야 하는 과제 가 주어졌다. 나는 답을 알고 있으면서도 우리 그룹 페이퍼에 그것 을 작성하지 않고 제출했다. 그러다 우리 그룹이 발표할 때 그 답 을 보란 듯이 이야기했다. 우리 그룹의 다른 학생들이 양적방법론 을 그리 열심히 하지 않았다는 것, 그리고 나 혼자 알고 있다는 것 을 보여주고 싶었기 때문이다. 그래야 나 혼자 좋은 성적을 받을 수 있을 거라고 생각했다.

그러나 주위의 반응은 싸늘했다. 다른 학생들도 그랬지만 교수 의 질타는 준엄했다. 왜 알고 있으면서도 페이퍼에 쓰지 않았느냐,

왜 그룹에서 제대로 토론을 하지 않았느냐, 그런 자세로 어떻게 학문을 하겠느냐 등. 나중에 안 일이지만 세계적으로 저명한 교수들도 자기 논문을 세계 각지의 전문가들에게 보내 의견을 듣고 비판적인 의견을 참조해 다듬고 또 다듬은 뒤에야 학술지에 발표한다.

다른 그룹의 학생들은 우리 그룹과는 전혀 다르게 공부했다. 교재를 같이 보며 서로 아는 것은 모두 공유하고 토론했다. 선배들이나 교수에게도 자문을 구했다. 그러니 페이퍼의 수준이 다를 수밖에 없었다. 그야말로 '동료 효과'를 톡톡히 보며 공부한 것이다.

내 뼛속까지 박혀 있던 경쟁의식은 한국 교육과 사회에서 배운 것이었다. '내가 남보다 좋은 성적을 받는 한'에서만 협력하는 것이 너무나 당연한 일이었고, 남들의 성적이 좋지 않을 때 기뻐하지 않는 것만으로도 품위 있는 행동이라고 배웠다. 경쟁의식에 찌든 나머지 스웨덴의 대학에서 협력하지 못한 나 자신이 부끄러웠다.

그런데 혼자서만 좋은 성적을 받아야 한다는 강박관념은 우리 아이들을 키우면서도 나타났다. 스웨덴의 학교에서는 중학교 2학년이 되어야 성적표란 걸 처음으로 받아보게 된다. 또 성적이 MVG(최우수), VG(우수), G(통과), 이렇게 세 단계였던 것이 2011년 가을 이후부터는 A, B, C, D, E, F의 여섯 단계로 세분화되었다. 조금만 더 노력하면 한 단계 높은 성적을 전보다 쉽게 받을 수 있게 한 정책이다. 성적표란 것을 이렇게 늦게, 중학생이 되어서야 줄 뿐만 아니라 성적에 따라 서열을 매기지도 않는다. 학생 자신의 성적은 알지만 학급에서, 학교에서 몇 등을 하는지 서열을 매기지는 않는다는 뜻이다.

큰아이가 중학교 1학년 때 어느 시험에서 최고 성적인 MVG를 받아 왔다. 아내는 자랑스러워하며 아빠에게 보여주라고 했다. 아이의 성적표를 받아 든 나는 "몇 점 받아서 이 성적을 받은 거야? 만점 받았어?"라고 물었다. 이 질문을 아이가 제대로 이해하지 못하자 나는 "그럼 너희 반에서 몇 명이나 이 성적을 받은 거야?"라고 물었다. 그러자 옆에서 듣고 있던 아내가 엄청 화를 내더니 "저렇게 좋은 성적을 받아 왔으면 칭찬해줘야지 왜 다른 애들과 비교해?"라며 질타했다. "아빠한테 다시는 성적표 보여주지 마!"라고도 했다.

스웨덴에서는 서열을 매기거나 다른 아이와 비교하는 것을 금기시한다. 덕분에 아이들은 한국처럼 '엄친아'에게 비교당하지 않고 온전히 자기 자신으로 자랐다. 그러다 보니 아이들도 자신은 물론 다른 사람들을 비교하려 들지 않는다.

한번은 한국의 친구 집에 초대를 받았다. 서울에 있던 큰아이와 아내, 막내 정인이까지 함께 초대받아 저녁을 먹었다. 그때 친구의 부인이 정인이에게 물었다.

"두 오빠 중 어느 오빠가 더 좋니?"

한국에서는 꽤나 흔히 하고 듣는 질문이다. 아이들에게 "엄마가 좋아, 아빠가 좋아?"라고 물어보는 경우가 예사인 것처럼 말이다. 옆에 있던 아내와 나는 정인이가 어떻게 대답할까, 어느 오빠의 마음을 상하게 하지나 않을까 내심 긴장했다. 그런데 정인이는 누구 하나를 콕 집어서 대답하지 않았다. 대신 두 오빠의 장단점을 하나씩 얘기했다. 특히 흉내를 내가며 단점을 이야기하는 모습이 재미있어 우리는 모두 웃음을 터뜨렸다. 우리 부부조차 모르는 오빠들의 나쁜 버릇을 이야기해 모두를 웃게 만든 것이다.

교육철학과 교수인 친구는 '우문현답'이라며 아이를 칭찬했다. 선호도나 서열을 매기는 것이 아니라 재치 넘치는 외교적인 대답이라며 감탄했다. 내 아내는 "스웨덴에서는 그런 식의 질문을 하지 않는 것이 불문율"이라고 덧붙이는 것을 잊지 않았다.

아이들은 모두
다르다

우리 집의 첫째 아이와 둘째 아이는 공부하는 재능을 타고난 반면, 막내딸 정인이는 그런 능력이 떨어지는 것 같아 남편이 걱정한 적이 있다. 하지만 두 오빠와 비교하면 그렇다는 것이지 성적이 그리 나쁜 편도 아니었다. 나는 한 부분만 보고 아이를 판단하면 안 된다고 했다.

정인이가 다른 특별한 능력을 타고났다는 사실을 우리는 금세 깨달았다. 암기는 서툴지만 읽고 습득하거나 들으면서 파악하는 능력이 탁월했다. 창의력은 뛰어나지만 집중력이 약해서 학교 제도 자체가 정인이와 맞지 않는 것이라는 생각도 들었다.

학교 선생님은 정인이가 산만하고 떠든다며 불평을 했다. 하지만 나는 오히려 선생님에게 아이가 집중할 수 있도록 도와달라고 당부했다. 수업할 때 아이를 잘 살펴봐달라고, 집중하지 못할 때는 책상을 살짝 두드리면서 집중하라고 얘기해달라고 했다. 집중력이 떨어지는 아이들에게는 이런 작은 관심이 큰 도움이 된다.

집중하지 못하는 아이들을 보면 사람들은 학습 능력이 떨어지거나 지능이 낮아서 그런 거라고 쉽게 판단해버린다. 그러다 보면 아이 스스로도 자기 머리가 나쁘다고 믿게 된다. 여기서 악순환이 시작된다. 자신은 해도 안 될 거라고 자포자기해 공부를 더 안 하게 되는 것이다.

그러나 아이들은 모두 다르다. 공부하는 방식, 습득 방법과 속도도 다 제각각이다. 지식을 습득하는 방법은 여러 가지인데, 저마다 다른 아이들에게 같은 방법만 강요해서는 안 된다. 아이에게 맞는 방법을 찾아주는 것도 부모와 교사의 역할이다. 공부하는 데 어려움이 있을 거라고 생각했던 정인이는 고등학교 졸업 성적이 둘째 해인이보다 좋았다.

아이에게 무엇이 중요하고
최선인가?

우리는 언제나 비교를 하며 산다. 특히 첨예한 경쟁 사회에서 살아가는 사람들이 비교의 압박에서 벗어나기란 여간 힘든 일이 아니다. 사회의 가치 체계, 이웃이나 친구들의 정서, 다른 부모들의 생각, 교사의 시각…… 이 모든 것이 무의식중에 비교를 강요한다.

그러니 아이가 아주 어릴 때부터 비교의 회오리에 말려들기 일쑤다. 다른 부모들을 만나 얘기하다 보면, '첫니'가 나는 것부터 시작해 기기, 서기, 걷기까지 무엇이든 끊임없이 비교의 대상이 된다. 자기 아이가 좀 늦되다 싶으면 부모는 자신이 제대로 자극을 주지 않아 성장이 늦거나, 다른 아이들에 비해 뭔가 잘못된 게 아닌가 하는 걱정에 사로잡힌다. 그런데 첫니가 나는 것은 부모가 어떻게 할 수 있는 문제가 아니다. 기고 서고 걷는 데 걸리는 시간도 아이마다 다르며 역시 부모의 영향력과는 관계가 없다. 그럼에도 불구하고 이를 놓고 서로 경쟁하는 것을 보면 놀라울 따름이다.

우리는 아이를 셋이나 키웠고, 세 아이 모두 한 부모 밑에서 태어나고 자랐지만 그런 기본적인 것들을 스스로 할 수 있게 되기까지 걸린 시간은 다 달랐다. 주위 아이들만 봐도 그렇다. 어릴 때 좀 더딘 아이가 대학에 가서 뛰어난 능력을 발휘하는 경우도 있었고, 어릴 때 빨랐던 아이가 성장한 뒤에는 그리 성공적이지 못한 사례를 우리는 수없이 봐왔다. 그러니 어려서 좀 빠르거나 느린 것으로 아이의 미래를 예단하는 것은 결코 바람직하지 않다.

배변 훈련이야말로 실로 커다란 비교 대상이 된다. 또래의 다른 아이들이 변기에 앉아 볼일을 볼 때 자신의 아이가 기저귀를 차고 다니면 부모는 쉽게 조급함과 좌절감을 느낀다. '내가 부모로서 부족해서 아이에게 변기에 앉는 훈련을 못 시켰나? 다른 애들은 벌써 하는 일을 왜 우리 애는 못하지?'라고 자책하기 쉽다. 하지만 이런 생각 대신 아이를 있는 그대로 보고, 아이가 지금 이 순간 필요한 것이 무엇인지 살피고 귀 기울이며, 아이의 현재 모습을 사랑해야 한다.

배변 훈련은 하나의 예에 불과하다. 아이가 성장하면서 부모는 자기 아이를 다른 아이와 의식적으로든 무의식적으로든 수없이 비교한다. 이러한 비교의 늪에 빠지면 진정으로 아이를 위한 일이 무엇인지 간과하게 된다.

사회적인 가치도 마찬가지다. 사회에서 통용되는 가치를 부모자신이 지지하는지 꼭 점검해봐야 한다. 자신이 속한 사회의 최고 가치가 성공과 부의 창출이라면 이런 가치가 다른 가치를 지배하기 쉽다. 아이를 키우면서도 돈을 많이 벌고 성공하는 것에 초점을 맞추게 된다. 아이가 커가는 시간을 단지 대학 진학을 위한 과정으로만 활용하는 것이다. 부모가 아이를 있는 그대로 받아들이고 사랑하는 것이 아니라 가치 판단의 기준을 돈과 성공에 맞춘다면, 아이의 어린 시절은 어른의 세계로 가는 기나긴 통로로 전락해버린다.

자녀가 성장하는 과정에서 많은 생각이나 감정, 사회적인 관점이나 가치 체계가 내 아이를 이렇게 혹은 저렇게 키우겠다고 다짐한 부모의 믿음과 확신을 집어삼키려고 할 때가 많다. 하지만 그럴 때마다 '아이에게 무엇이 중요하고 최선인가'를 끊임없이 고민해야 한다.

부모가 뭘 어떻게 해야 하는지에 대한 조언은 넘쳐난다. 그러나 이러한 조언을 무조건 따르는 것은 좋지 않다. 물론 다른 사람들의 의견이나 사회적인 가치 중에서 뭔가 좋은 점이 있다고 생각하면 받아들여도 좋다. 하지만 다른 사람들의 의견이나 생각, 사회적인 가치에 너무 집착하지 말고, 부모 자신의 감정에 빠져서도 안 된다.

아이들은 다 다르고 주위 환경도 다 다르다. 그렇기 때문에 모든 아이들에게 적용될 수 있는 하나의 통일된 공식이 있을 리 없다. 따라서 어떠한 조언이든 자신의 가족과 아이에게 잘 맞추는 지혜와 공정이 필요하다. 무엇보다 중요한 것은 아이에게 관심을 갖고 더 잘 알려고 노력하는 일이다.

다양성 사회에서
아이 키우기

스웨덴은 여러모로 다양성 사회다. 다양한 인종, 성 정체성과 지향성, 그리고 종교적 배경을 가진 사람들이 산다. 아이들은 다양한 사람들이 사는 이런 사회에서 어떻게 살 것인가를 배운다. 산다는 것은 관계를 맺고 포용하면서 사는 것을 의미하지 그냥 옆에서 관계없이 사는 것을 의미하지 않는다. 다른 것을 포용하는 것은 어느 것도 배제하지 않는 것을 의미한다. 아이들이 만나는 모든 사람에게 편견을 갖지 않고 살도록 키우는 것은 모두가 똑같이 정상이라는 생각을 갖도록 키우는 것이다.

양쪽 부모가 모두 있는 것이나, 재혼 가정이라서 '보너스 부모'가 있는 것이나, 한부모 가정이나 모두 똑같이 정상이다. 동성애와 이성애 역시 똑같이 정상이다. 아프카니스탄 사람이 이란, 영국, 한국 또는 스웨덴 사람과 동등하게 대우받고, 어느 나라에서 살든 똑같은 가능성이 주어져야 한다. 종교의 자유 역시 마찬가지다. 알라를 믿는 것이 예수나 다른 신을 믿는 것, 전혀 신을 믿지 않는 것과 똑같이 받아들여져야 한다.

다문화와 통합은 어느 한 사회에서의 인종적 다양성을 바라보는 두 가지 방법이다. 먼저 다문화는 문화적 차이를 인정하는 것이다. 다른 나라에서 온 사람은 아주 흥미로울 수 있고 다음과 같은 것들이 궁금할 수 있다. 어디서 왔어요? 왜 당신은 머리에 수건을 쓰고 있어요? 당신 나라에선 모든 여성들이 그런 걸 쓰나요? 한국 음식이 당신에겐 너무 매운가요? 당신 나라에서는 어떤 음식을 먹나요? 당신 나라의 전통 의상은 어떻게 생겼죠? 다문화주의란 문화적 차이를 인정하고 다른 문화를 존중하며 서로 공존하는 것을 의미한다. 다문화주의가 여러 문화들 사이에서의 공존을 의미한다면 통합은 여러 문화가 섞여 새로운 문화가 만들어지는 것을 의미한다. 그러나 다문화주의든 통합이든 배경이 다르다고 차별해서는 안 된다. 인종적 배경과 관계없이 모든 사람은 똑같이 존중받아야 하고 똑같은 가능성과 권리가 주어져야 한다. 예를 들어 학교 문제를 논의하는 학부모회의에서 모든 학부모는 자유롭게 자신의 의사를 표시할 수 있어야 하고 학교운영위원으로 선발될 수 있는 권리가 주어져야 한다.

　스웨덴 유아학교 아이들의 배경은 천차만별이다. 놀이나 간식 시간에 아이들은 아무런 편견 없이 누구하고도 잘 어울린다. 이유는 간단하다. 아이들은 어른들이 보는 눈으로 세상을 바라보지 않는다. 아마 보지 못한다고 해야 옳을 것이다. 그렇다고 어른들의 눈에 보이는 차이점을 아이들에게 알릴 필요도 없다. 예를 들어 "얘야, 오늘은 말을 이상하게 하고 피부가 검은 그 아이하고 놀아줘. 그래야 착하지"라고 얘기하며 선행을 강조할 필요가 없다. 당연히 스웨덴 배경의 아이들하고만 놀라고 해서도 안 된다. 모든 아이들은 자신이 좋아하는 친구를 사귈 수 있는 권리가 있고 부모는 아이에게 새로운 친구가 생기면 그것을 긍정적으로 보는 것 외에 다른 할 일이 없다.

　스웨덴 토박이인 니클라스, 4살 때 이라크에서 이민 온 아메드, 스웨덴에서 태어났지만 칠레 이민자 가족인 카를로스는 모두 12살의 동갑내기다. 그들은 어렸을 때 마트에서 음료수와 과자를 사서 공원에서 스케이트보드를 타며 놀곤 했다. 하루는 마트에서 음료수를 사고 나오려는데 경비원들이 아메드를 제지하며 마트 안의 사무실로 데려갔다. 경비원들은 아메드가 물건을 훔친 것을 봤다고 했다. 니클라스와 카를로스는 마트 밖에서 기다렸다. 아메드는 모든 주머니를 다 뒤집어 보여줬고 경비원들은 아무것도 찾아내지 못했다. 그러나 경비원들은 아메드의 부모에게 전화해서 바로 마트로 오게 하고, 니클라스와 카를로스의 부모에게도 전화해서 오게 했다. 아메드의 부모는 서툰 스웨덴어로 무슨 일이 일어났는지 경비원들에게 물었다. 경비원들은 무슨 말을 하는지 이해를 못하겠다며 '스웨덴 말'로 하라고 했다. 아메드는 울음을 터뜨렸고 그 사이 카를로스의 부모도 마트에 왔다. 카를로스의 부모는 유창한 스웨덴 말로 무슨 일이 일어났는지 경비원들에게 물었고 아무런 이유도 없이 아메드 혼자 마트 안의 사무실로 데려간 것을 알고 경비원들에게 항의하기 시작했다. 경비원 중 한 명이 비웃으면서 "여긴 스웨덴이야! 맘에 들지 않으면 당신 나라로 가"라고 했다. 카를로스도 훌쩍이며 "스웨덴이 우리나라예요"라고 했다. 잠시 뒤 니클라스의 부모가 도착했다. 그들은 아메드와 카를로스, 그리고 그들의 부모들을 보고는 경비원들에게 "감사합니다"라고 인사한 뒤 니클라스를 끌고 사라졌다. 니클라스는 반항했다. 자기는 남아서 친구들을 돕겠다고 했고 부모 역시 도와줘야 한다고 했다. 그러자 니클라스의 아버지가 말했다. "내가 그랬잖아! 저런 깡패 같은 애들과는 어울리지 말라고, 진짜 친구를 사귀라고." 니클라스의 어머니 역시 "우리 이 지역에서 이사 갑시다. 이런 지역에서 아이들이 크는 건 아주 위험해요. 니클라스도 저렇게 될 거라구요"라고 말했다. 니클라스의 부모는 계속해서 그 지역과 거기에 사는 사람들이 문제가 많다고 불평을 늘어놨다. 니클라스가 자기 친구들이 절대 그런 아이들이 아니라고 해도 부모는 니클라스의 말을 듣지 않았다.

이날 이후로 니클라스의 미래는 어떻게 될까? 부모에게 반항하며 계속해서 자기 친구들과 놀거나 아니면 친구들과 놀면서도 부모한테 말하지 않게 될 것이다. 또 스웨덴 사람들을 경멸하고 인종차별주의자라고 말하고 다니며 이민자 아이들의 편에서 스웨덴 아이들과의 싸움에 휘말릴 가능성도 있다. 아니면 그 반대로 부모의 편견을 받아들여 그 지역과 친구들의 잘못을 찾기 시작하고 이민자 아이들을 싫어하는 친구들을 사귀기 시작할 것이다. 그러다 점차 인종차별주의적 사고를 발전시켜 이민자들을 괴롭히고, 시간이 흐르면 이민자 폭력 같은 불법을 저지를 가능성도 있다. 후자의 경우 니클라스 부모는 니클라스가 잘못 성장하거나 어느 한쪽을 선택하게 하여 편협한 사람이 되는 데 기여한 것이다.

　　만약 니클라스 부모가 마트에 왔을 때 경비원들의 말만 듣지 않고 아이들과 다른 부모들의 말도 들었다면 경비원들이 잘못했다는 결론에 도달하여 다른 부모들과 함께 경비원들을 고소할 수 있었을 것이다. 나아가 니클라스는 다른 사람의 말을 경청하는 개방적인 부모로부터 배경이나 언어 능력에 관계없이 모든 사람의 의사를 존중하는 법을 배웠을 것이다. 그는 친구를 개인의 성향에 따라 선택하지 어떤 편에 서 있는가에 따라 선택하지 않아 부모와 같은 우를 범하지 않았을 것이다.

아이들에게 독립심을 가르치기 위해 부모에게 가장 필요한 덕목 중 하나는 인내심
이다. 아이가 서툴다고, 답답하다고 대신 해주다가는 오히려 해가 된다. 아이를 키
우는 데 있어 참여와 책임은 아주 중요한 원칙이다. 스칸디 부모는 아이들과 많은
시간을 보내고 공감해주며, 자녀에게 스스로 서는 힘과 생각하는 힘을 길러준다.

2부

◇◇◇◇◇◇◇

서두르지 않는 부모가
독립적인 아이를 만든다

Chapter

6

밥상머리에서부터
독립심을 가르친다

서툴러도 좋으니
스스로 해봐

스웨덴 아이들은 독립심이 아주 강한 어른으로 성장한다. 자녀가 아주 어릴 때부터 자신의 일을 스스로 결정하고 책임지도록 가르치기 때문이다. 사회 전체 분위기가 그런 환경을 만들어준다. 어려서부터 강한 독립심을 갖고 자연과 이웃을 사랑하며 모험과 도전을 두려워하지 않도록 가르친다. 특히 공부 면에서는 더욱 독립적이라 옆에서 이래라저래라 하기 힘들 정도다. 물론 부모의 도움을 필요로 하는 아이들도 있다.

아이가 중1인가 중2였을 때 남편이 작문 숙제를 도와준 일이 있다. 아이와 이야기를 나누면서 남편이 표현을 달리 바꾸거나 첨삭을 해서 아이에게 돌려주었다. 그런데 그다음 날 아침에 남편이 보니 도와준 부분을 전부 삭제하거나 원위치로 되돌려놓은 것이 아닌가. 남편은 조심스럽게 나에게 아이가 왜 그랬는지 물어보았다. 나는 고쳐도 아이 스스로 고치지 다른 사람이 고쳐준 대로 절대 제출하지 않는다고 했다. 숙제를 해서 제출하면 그것으로 끝이 아니라 그다음 수업 시간에 자신의 작문을 발표해야 하고 선생님이 질문을 하기 때문에 자신의 표현에 확신이 없으면 안 된다고 말이다.

어른들이 조언하고 도와줄 수는 있지만 결정은 자신이 하고 그 결정에 대해 어릴 때부터 책임을 지는 것이다. 이처럼 학습에 대한 스웨덴 학생들의 독립심은 한국에서 흔히 쓰는 표현대로 말하자면 '자기주도학습 능력'이라 할 수 있다. 스웨덴 사람들은 어릴 때부터 자기주도학습을 해나가도록 교육하고 있는 것이다.

일상생활에서도 마찬가지다. 예를 들어 가족 여행을 갈 때는 초등학생도 자기 여행 가방은 제 손으로 챙긴다. 그렇게 해야 실수로 뭘 빠뜨렸어도 그다음 여행 때는 다시 빠뜨리지 않게 된다. 한국에서 자란 남편은 그런 것을 볼 때마다 어린아이들에게 너무 매정하지 않냐고 되묻곤 했지만, 아이들이 스스로 잘해내는 것을 볼 때마다 참 기특하고 편하다고 했다. 이제는 이 모든 게 습관이 되어서 아이들이 그렇게 하지 않으면 짜증이 날 정도라고 말이다.

첫아이 태인이가 태어난 지 5~6개월이 됐을 무렵부터 나는 아이를 유아 의자에 앉히고 제 손으로 밥을 떠서 먹게 했다. 접시에

아이들에게 독립심을 가르치기 위해
부모에게 가장 필요한 덕목 중 하나는 인내심이다.
아이가 서툴다고, 답답하다고 대신 해주다가는
아이에게 오히려 해가 된다.

음식을 담아주면 태인이는 양손으로 밥을 먹었다. 팔의 움직임을 제 뜻대로 조절하기엔 너무 어린 나이라 음식의 반 이상을 흘렸다. 얼굴과 머리카락에까지 음식이 묻고 턱받이도 소용없었다. 밥을 먹고 난 후의 뒤처리가 더 번거로워서 남편은 그냥 떠먹여주고 싶어 했으나 나는 반대했다. 어릴 때부터 제 손으로 먹게 해야 독립심이 생기기 때문이다.

오래 걸리고 힘들더라도 밥 먹기, 옷 입기, 신발 신기, 공부하기 등을 아이 스스로 하게끔 하는 것이 스칸디 부모들이다. 또 초등학생쯤 되면 자기 방은 스스로 치우게 한다. 물론 쉬운 일은 아니다. 우리 역시 아이들이 제대로 청소를 하지 않으면 쫓아다니며 잔소리를 해야 했다. 귀찮고 힘들어서 "에잇, 그냥 내가 하고 말지" 하며 남편이 해치우기도 했다. 그러나 나는 아이들이 하게 내버려둬야 한다고, 하는 걸 배워야 한다고 말했다.

아이들이 크면 점점 더 많은 집안일을 돕게 한다. 저녁은 부모와 아이들이 돌아가면서 준비한다. 우리 식구는 다섯이라 월요일부터 금요일까지 한 명씩 돌아가며 저녁을 짓고 주말에는 남편과 내가 한 번씩 더 했다.

스웨덴의 미성년자가
일하는 이유

아이를 키우는 데 있어 참여와 책임은 아주 중요한 부분이다. 다른 사람을 존중할 뿐 아니라 다른 사람의 노동까지 존중하도록 아이들을 가르치기 위해서는 집안일을 돕게 하는 것이 좋다. 자기 방 청소는 아주 어릴 때부터 할 수 있다. 요리를 도울 수도 있고 음식을 식탁으로 나르는 일도 할 수 있다. 가지고 논 장난감을 정리하고 식사 후에 자기 식기를 싱크대에 갖다놓거나 식기세척기에 집어넣는 것도 배워야 한다. 나이가 들고 성숙해지면 집안일에도 당연히 더 많이 참여해야 한다. 적어도 중학생쯤 되면 일주일 중 하루 저녁은 책임지고 저녁 음식을 요리할 수 있다. 쓰레기를 내다 버리고 잔디를 깎고 눈을 치우는 일도 아이 몫이다.

물론 아이들이 이런 일들을 전적으로 책임져야 하는 것은 아니다. 나이에 따라 부모가 조금 도울 수도 있다. 잔디 깎는 일처럼 손이 많이 가는 일은 가족 구성원이 순번을 정해서 몇 주에 한 번 정도만 책임지게 하면 된다. 잔디가 드물고 눈이 많지 않은 한국에선 자기 방 외에 거실 청소하기, 장보기, 세탁, 다림질, 저녁밥 짓기 등을 도울 수 있다.

이렇게 하면 아이들이 일하고 책임지는 것도 배우지만, 또 하나의 장점이 더 있다. 가족이 서로 도우면 남는 시간에 휴식도 같이 취할 수 있다는 점이다. 같이 운동이나 산책을 하거나 영화를 볼 수도 있다. 아이와 함께하는 시간이 더 늘어나는 것이다.

게다가 스칸디 부모는 아이들이 독립적인 경제관념을 갖도록 가르친다. 우리 집의 경우 집안일을 할 때 청소나 식사 준비는 기본이고 다른 일을 더 많이 하면 용돈을 주었다. 정원 잔디를 깎거나 유리창을 닦는 등의 일을 하면 시간으로 계산해서 비용을 지불했다.

기본 용돈은 한 달에 한 번 정해진 금액을 주고 알아서 쓰게 했다. 용돈을 어떻게 쓸지 스스로 계획하는 것이 중요하기 때문이다. 첫째 아이가 초등학교에 들어갈 때부터 용돈을 주기 시작했는데, 두 살 어린 둘째 아이도 첫째가 용돈을 받으니 자기도 받고 싶다고 했다. 그래서 둘째 아이에게도 용돈을 주고 스스로 관리하게끔 했다. 둘째 아이는 아이스하키를 하고 나면 매번 콜라를 마신다는 것을 알기에 콜라 비용을 용돈에 포함시켰다. 그랬더니 아이는 콜라 대신 물을 마시고 그 돈을 모아 다른 데 사용했다. 용돈을 주고 스스로 관리하게 하자 돈을 쓰는 곳도 달라졌다.

스웨덴에서는 어릴 때부터 일하는 것을 당연하게 생각한다. 그래서 보통 중학교에 들어가면 아르바이트를 시작한다. 가게에서 짐을 옮기거나 판매하는 일을 하면서 일의 가치를 배우고 독립심을 키우는 것이다. 매일 할 수는 없으니 여름방학 때 2~3주 동안이라도 아르바이트를 한다. 우리 아이들도 그렇게 했다. 자신이 번 돈으로 뭔가를 샀을 때의 뿌듯함은 경험하지 않으면 느낄 수 없다.

물론 어른 입장에서 보면 아이들의 돈 씀씀이가 헤프다거나 쓸데없는 데 돈을 쓴다는 생각이 들 때가 있다. 그럴 때면 나는 "왜 그런 데 돈을 쓰냐"고 잔소리를 하기도 했다. 그러면 나는 "아이 스스로 벌거나 모은 돈이니 자기 마음대로 쓰게 놔둬"라고 말렸다. 남편은 '그 돈이 어디서 나온 건데'라고 말하기도 했다. 그런데 지금 돌이켜 보면 어릴 때부터 스스로 돈 쓰는 법을 배우는 것이 참 중요하다는 생각이 든다.

아이들은 가정뿐만 아니라 사회에서도 노동의 가치를 배워야 한다. 스웨덴에서는 "노동이 삶의 근본이다"라고 말한다. 또 "각자의 위치에서 짐을 나누어 져야 한다", "열심히 하는 사람이 끝내는 이긴다", "좀 힘든 일로 죽는 사람은 없다" 등의 표현을 흔히 사용한다.

스웨덴의 광범위한 보편적 복지제도는 노동을 할 수 있는 모든 사람이 일을 하고 세금을 내는 것을 전제로 한다. 그래서 일찍부터 아르바이트를 하며 스스로 용돈을 버는 것도 중요하지만, 자신이 소비하는 데 드는 비용은 힘든 노동의 결과라는 사실을 배우는 것이 더욱 중요하다. 힘들게 일해 번 돈을 잘 계획해서 아껴 쓰지 않으면 금방 사라진다는 것, 즉 노동과 돈의 가치를 배우는 것이다.

아르바이트는 나이와 성숙도에 따라, 스웨덴 노동시장의 정해진 규칙에 준거해 노동의 양과 난이도가 결정된다. 최초로 노동시장에서 일을 할 수 있는 15세의 경우, 하루 최대 6시간, 2~3주 동안 일할 수 있다고 규정하고 있다. 그 후엔 나이에 따라, 학교에서 어떤 공부를 얼마나 하느냐에 따라 노동시간도 늘어난다.

고등학생 때도 많은 학생들이 주말에 일을 하거나 방과 후에 파트타임으로 일을 한다. 주로 '에이치앤엠(H&M)'과 같은 옷가게나 식당, 편의점 등에서 일한다. 혹은 늦게 일을 마치는 부모를 위해 아이를 유아학교에서 데려와 부모가 올 때까지 집에서 같이 놀아주는 보모 일을 하기도 한다. 막내 정인이가 고등학교를 다니며 그렇게 했다.

중고등학교 시절에 아르바이트를 하면 나중에 성인이 되어 첫 직장을 구할 때도 유리하게 작용한다. 예를 들어 한 젊은이가 여름마다 아르바이트를 했다면 어떤 종류의 일을 했든 간에 성실하게 살았다는 것을 입증하는 셈이다.

18세가 넘으면
부모가 간섭할 수 없다

스웨덴에서는 만 18세에 성인이 된다. 18세가 되기까지 가정에서 평등한 관계, 자기 의사를 표현할 수 있는 권리와 책임지는 자세를 배웠다면 이제부터는 독립적인 성인으로 살아가야 한다. 단순히 법적으로 성인이 된 것이 아니라 사회 전체가 철저하게 성인으로 대한다. 자녀에게 형사상의 문제가 생겨도 본인의 동의 없이는 사법기관이나 학교에서 부모에게 정보를 알려주지 않는다.

한 명의 독립된 성인이 된다는 것은 부모가 더 이상 자녀의 삶에 관여할 권리가 없다는 것을 의미하기도 한다. 그야말로 부모로부터 완전히 독립하는 것이다. 직장을 다닐지, 대학에 진학해 계속 공부할지, 다른 경험을 쌓을지, 이 모든 것을 스스로 결정해야 한다. 물론 그렇다고 해서 이런 결정을 부모와 전혀 상의하지 않고 독단적으로 내리지는 않는다. 부모는 여전히 훌륭한 대화 상대이고 버팀목이 된다.

스웨덴에서는 고등학교를 졸업하고 바로 대학에 들어가는 경우가 드물다. 1~2년간은 세계 여행을 하거나 외국에 가서 고생도 하며 세상 공부를 한다. 혹은 여러 가지 일을 하며 돈을 벌어보면서 세상에 대한 이해의 폭을 넓힌다. 이는 자신이 앞으로 무슨 일을 할지를 고민하며 자아를 찾는 시간이기도 하다. 나도 고등학교를 졸업하고 인도 콜카타와 아프리카 토고에 몇 달씩 머물며 새로운 경험을 했다.

우리 아이들도 고등학교를 졸업하고 나서는 경제적인 지원을 요청한 일이 거의 없다. 스톡홀름에서 가장 들어가기 힘들다는 고등학교 중 한 곳을 졸업한 큰아이 태인이는 고등학교를 졸업할 무렵 호주의 어느 농장에 가서 생활하고 싶다고 했다. 나는 그렇다면 차라리 한국에 가서 1년쯤 지내면서 한국어를 배우는 게 어떻겠냐고 제안했다. 그래서 남편은 한국에서 태인이가 할 만한 식당 설거지 일을 찾으려고 무진 애를 썼지만 허사였다. 대신 태인이는 한국에 와서 어학연수와 대학 공부를 하게 됐고 직장도 다닐 수 있게 됐다.

둘째 해인이는 고등학교를 졸업하고 한국에 와서 한국어 연수를 받은 후 스웨덴으로 다시 돌아가 1년 남짓 중학생 보조교사로 일하다가 이제 대학에 들어갔다. 연수를 받는 동안에는 생활비를 벌기 위해 푸줏간에서 돼지고기 나르는 일을 하기도 했다. 우리 부부가 한국에 있었을 때 해인이는 스톡홀름의 우리 집에서 친구와 함께 살며 보조교사로 일한 것이다. 그때 집에 드는 생활비 중 일부를 자신이 번 돈으로 충당했다. 부모의 집에 살면서도 공짜로 살지 않았다.

막내 정인이도 오빠들처럼 한국에서 1년 동안 대학에서 한국어 연수를 받고 1년을 더 머물면서 학교에서 영어 교사를 했다. 정인이는 휴대 전화가 고장 난 적이 있는데도 사달라는 말을 하지 않았다. 또 얼마 전에는 키우던 강아지의 다리가 부러져 수술비가 100만 원이 들었다고 알려왔다. 남편이 비용을 대줄까 물어봤으나 자신이 할부로 갚으면 된다며 사양했다. 돈을 달라고 했으면 줬을 텐데 아이는 끝내 도움을 청하지 않았다. 남편은 아빠로서 못내 섭섭해하기까지 했다.

물론 아이들이 젊은 나이에 일찌감치 독립할 수 있는 데는 국가의 역할이 크다. 우선 스웨덴에서는 대학 교육이 무상이라 등록금이 없다. 게다가 대학에 진학하면 교육 보조금이 나온다. 스칸디 부모들은 성인 자녀에게 생활비를 대주지 않기 때문에 아이들은 그 보조금으로 생활비를 충당한다. 빠듯한 생활이지만 학생 아파트에서 지내며 공부하는 데 큰 어려움은 없다. 교육 보조금 중 나머지 3분의 2는 대학을 졸업하고 직장에 다니면서 평생 갚아나간다. 나머지

3분의 1은 갚지 않아도 되는 보조금으로, 학생들에게 주는 일종의 급료다.

또 청년들이 직장을 구하지 못하고 실업자가 되면 지방정부는 이를 파악해 직장이나 새로운 분야의 교육 또는 재교육을 알선해 주도록 되어 있다. 그것도 안 되면 사회 보조금으로 생계를 유지할 수 있게 해준다. 이처럼 스웨덴에는 18세가 넘어 성인이 되면 대학 교육을 받더라도 부모에게 의지하지 않아도 되는 제도적인 장치들이 갖춰져 있다. 그 덕분에 아이들은 부모로부터 독립해 자율권을 얻고 부모도 아이들로부터 해방된다.

한국의 부모들을 보면 참 안타깝다. 아이들의 사교육부터 시작해 값비싼 대학 등록금에 생활비, 심지어 졸업 후 유학을 가거나 다른 공부를 하겠다고 하면 그 비용까지 다 대고 있으니 말이다. 어디 그뿐인가. 결혼 자금에다 심지어는 살 집까지 마련해준다. 이렇게 부모가 비용을 대니 당연히 자녀가 기대만큼 해주길 바라고, 자녀는 부모의 기대 때문에 자신의 삶을 온전히 살지 못하는 경우가 많은 것이다.

한국도 스웨덴과 같은 국가의 역할이 필요하다. 그래야 부모와 자식이 서로에게 얽매이지 않고 자기 삶을 찾을 수 있다. 스웨덴 젊은이들의 진취적이고 역동적인 태도는 바로 이런 환경에서 비롯된다. 어느 누구도 고등학교를 졸업하고 나서 일을 하거나 외국에서 고생하는 시간을 낭비라고 생각하지 않는다. 남보다 뒤처질까봐 조바심을 내지도 않는다. 성인이 되는 가장 중요한 시점에 하는 경험은 언제든 할 수 있는 것이 아니며, 돈으로도 살 수 없는 소중한 자산이기 때문이다. 그것은 앞으로 성인으로서 자신의 삶을 잘 살아낼 수 있게 단련시켜주는 시간이기도 하다.

스스로 삶을 개척하는
바이킹의 후예들

아이들에게 독립심을 가르치기 위해 부모에게 가장 필요한 덕목 중 하나는 인내심이라고 생각한다. 아이가 서툴다고, 답답하다고 대신 해주다가는 아이에게 오히려 해가 된다. 평생 쫓아다니며 부모가 다 해줄 수는 없는 노릇이다. 누구나 살다 보면 시행착오를 겪을 수 있다. 아이들도 마찬가지다.

대학에 다니는 둘째 아들 해인이는 중학교 때까지만 해도 공부를 곧잘 하는 편이었다. 그런데 고등학교에 들어가더니 놀기 좋아하는 친구들과 계속 어울리면서 공부에 전념하지 않았다. 공부 열심히 하는 친구들과 어울리기를 바라는 마음도 내심 있었지만, 자녀의 친구 관계를 부모의 의지대로 억지로 변화시킬 수도 없는 노릇이고, 더군다나 스웨덴에선 엄두도 낼 수 없는 일이다. 어쨌거나 친구란 스스로 선택하는 것이고, 아이들은 친구의 장단점을 보고 배우고 판단하며 자란다.

결국 해인이는 두 과목의 학점을 따지 못한 채로 고등학교를 졸업했다. 고등학교를 졸업하고 한국에 와서 1년 동안 한국어 연수를 받고 다시 스웨덴으로 돌아가 일을 시작했다. 중학교 공부가 뒤처지거나 집중하지 못하는 학생, 사회적인 문제를 겪는 학생을 보조하는 일이었는데, 해인이가 학생들을 잘 돌본다고 그 학교 선생님들의 칭찬이 자자했다.

그러던 어느 날 나는 일을 마치고 돌아온 아들에게 지나가듯 "지금 하고 있는 일이 너에게 잘 맞는 것 같은데, 계속 해보는 건 어때?"라고 말했다. 해인이는 고등학교 때 마치지 못한 두 과목을 다시 공부해서 대학에 가고 싶다고 되받았다. 우리 부부는 아이가 갑자기 대학에 가고 싶어 하는 이유가 뭘까 생각했다. 아마 사회생활을 하면서 뭔가 깨달은 바가 있나 보다고 추측했다. 그런데 나중에 아이의 얘기를 들어보니 가장 큰 동인은 우리 부부의 응원이었다. 자신이 무한한 잠재력을 가진 사람이며 뭔가 할 수 있다는, 뭔가 해야겠다는 마음을 부모가 심어준 덕분이라고 했다.

부모가 조바심을 내면 아이는 그만큼 압박감을 느낀다. 아이가 조금 에둘러 돌아가거나 멈춰 서 있더라도 떠밀지 말고 지켜봐주고 신뢰를 보여줘야 한다. 아이가 스스로 자신의 길을 찾을 기회를 주는 스칸디 부모들처럼 말이다. 거친 바다를 항해하던 바이킹의 후예들, 그들은 여전히 그 모험심과 도전 정신을 자손들에게 물려주며 아이들의 발전을 돕는다.

자립심 강한 아이로
만드는 생활 속 육아법

토요일은
사탕 먹는 날

스웨덴에서 탄생해 70년 가까이 전 세계 어린이들의 사랑을 받고 있는 아스트리드 린드그렌의 동화 『삐삐 롱스타킹』은 한국에서도 '말괄량이 삐삐'라는 제목으로 많은 인기를 얻었다. 삐죽삐죽 땋은 빨강 머리에 긴 스타킹을 신은 개성 만점 아홉 살짜리 여자아이, 삐삐는 괴력의 소유자인 데다 금화가 가득 든 여행 가방을 가지고 혼자 사는 아이다. 제멋대로이고 학교에도 가지 않는 삐삐가 어른들한테는 못 말리는 말괄량이요 문제아로 보일지도 모른다. 그러나 삐삐는 '입 다물고 시키는 대로만 하게 하는' 당시의 교육을 비판하는 아이콘이었다. 부조리한 교육제도에 모두가

회의를 품기 시작하던 1945년에 탄생한 삐삐는 폭발적인 인기를 누렸다. 그 후 스웨덴의 학교와 어른들의 가치관은 아이들의 자율성을 허락하는 방향으로 발전해왔다.

스칸디 부모들은 강압적이고 일방적인 통제를 하는 대신 대화를 통해 '왜 그렇게 해야 하는가'에 대해 충분히 설명하고 이해시키려고 한다. 세 살짜리 어린아이에게도 마찬가지다.

우리 마을의 귀여운 여자아이 그레타가 세 살이 되었을 때였다. 그레타는 외할머니가 준 사탕을 먹고 처음으로 사탕 맛을 알게 됐다. 외갓집에 다녀오고 며칠 뒤, 그레타는 엄마 아빠를 따라 마트에 장을 보러 갔다가 과자 코너에 있는 사탕을 금방 알아보고는 먹고 싶다고 떼를 썼다. 엄마는 "오늘은 안 돼!"라고 단호하게 말했다. 그런데 유모차가 사탕 코너를 그냥 지나치자 그레타는 고함을 지르며 울기 시작했다. 주위 사람들이 무슨 일인가 싶어 그들을 주시하기 시작했다. 부부는 되도록이면 늦게, 더 나이가 들었을 때 사탕을 주려고 미뤄왔지만 이제 더는 미룰 수 없겠다고 판단했다. 엄마는 아이를 진정시키며 "오늘은 사탕 먹는 날이 아니"라고 설명했다. 이제 '토요사탕제'를 도입할 때가 된 것이다.

스웨덴 사회에서 통용되는 토요사탕제란 아이들이 단것을 자주 그리고 많이 먹지 않게 하기 위해 토요일에만 군것질을 허락하는 규칙이다. 엄마는 이제부터 토요사탕제를 이해시켜 장을 보러 갈 때마다 사탕을 사달라며 그레타가 떼쓰지 않게 하려고 했다. 그

래서 우는 아이에게 토요사탕제를 이해시키려고 했지만 쇠귀에 경
읽기였다. 아이는 아무 말도 들으려고 하지 않았다. 울면서 유모차
를 돌리려고 하고 유모차에서 빠져나오려고 갖은 애를 썼다.

주위 사람들은 걸음을 멈추고 그들에게 시선을 집중했다. 어떤
사람은 "저런 못된 아이!"라고 했고, 또 어떤 사람은 부모가 잘못하
는 거라며 혀를 찼다. 부모는 진땀이 났다. 만약 부모 중 한 사람이
아이를 데리고 장을 보러 왔다면 다 그만두고 집으로 돌아가야 할
판이었다. 다행히 그날은 부부가 함께 왔기에 장을 보는 일은 아내
에게 맡기고 아빠는 울며 발버둥치는 아이를 품에 안고 마트 밖으
로 나갔다. 밖에 나오니 아이도 좀 진정되었는지 아빠 품에 얼굴을
묻고 훌쩍거렸다. 아빠는 마트 안에서 일어난 일에 대해 아이와 얘
기하기 시작했다.

"마트 안에서 그렇게 울면 어떡해?"

그레타도 자기 행동이 부끄러웠는지 아무 말도 하지 않았다.

"엄마 아빠는 네 몸에 좋은 것을 사주고 싶지, 안 좋은 것을 사줄
수는 없어. 그리고 네가 떼쓴다고 다 사주지는 않아."

아이는 말이 없었다. 아빠는 계속 설득을 했다.

"사탕은 맛있지만 매일 먹는 것은 안 좋아. 엄마 아빠는 네게 뭐
가 좋은지 항상 생각해. 사탕을 많이 먹으면 네 이가 상해. 얼마 전
치과에 갔을 때 의사 선생님이 네 이가 아주 건강하다고 말씀하셨
던 것 기억나니? 그건 네가 그동안 사탕을 먹지 않기 때문이야.

아이들과 많은 시간을 보내고 공감해주며,
자녀에게 스스로 서는 힘과 생각하는 힘을 길러주는 것이
부모의 역할이다.

내년에도 네 이가 건강하다는 얘길 듣고 싶지 않니?"

"음…… 그래도 사탕 먹고 싶어."

그레타는 다시 울기 시작했다.

"자주가 아니라면 먹어도 돼. 토요일에만 먹으면 되잖아. 그래서 토요사탕이라고 부르는 거야."

"토요사탕?"

아이가 눈을 동그랗게 뜨고 아빠를 쳐다봤다.

"그래, 매주 토요일에 토요사탕 먹고 싶지? 오늘이 금요일이니까 내일은 사탕을 먹을 수 있겠다."

그레타는 기뻐했다. 이제부터는 마트에서 떼쓰지 않고 토요일을 기다리기로 약속했다. 집에 와서도 부부는 아이에게 왜 토요일에만 사탕을 먹는지에 대해 여러 번 설명해주었다.

물론 순순히 이 원칙을 받아들이는 아이가 있는가 하면 그레타처럼 다음에 마트에 갔을 때 또다시 떼를 쓰는 아이도 있다. 아마 대다수 아이가 그럴 것이다. 앞으로 몇 번, 아니 수십 번을 더 얘기해야 할 수도 있다. 아무리 얘기해도 먹히지 않는다면 사탕을 달라고 우는 아이를 데리고 장을 봐야 할지도 모른다. 그러나 아이가 운다고 해서 "이번만 허락한다"며 사탕을 사줘서는 안 된다. 그러면 아이들은 원하는 것이 있을 때마다 '울면 된다'고 생각하게 된다.

부모가 기분이 좋을 때만 사탕을 줘서도 안 된다. 부모는 일관성 있게 행동해야 한다.

토요사탕제가 스웨덴의 육아법 중 하나로 통용되어온 것은 그만큼 효과가 있기 때문일 것이다. 무조건 단것은 안 된다며 아이의 욕구를 송두리째 무시하는 것보다 시간은 좀 걸리더라도 아이를 이해시키는 것이 훨씬 낫다. 스칸디 부모는 "안 돼", "하지 마"를 말하기 전에 아이의 요구를 어느 정도 받아들이면서 타협한다. 이때 아이가 원하는 것을 무조건 들어줘서도 안 되고 부모의 주장만 밀어붙여서도 안 된다. 대신 적당한 선에서 규칙을 정하고 수십 번이라도 반복해서 설명한다.

명령으로 아이의 몸을 움직일 수는 있겠지만 마음을 움직이진 못한다. 부모의 명령에 마지못해 굴복하는 아이는 마음속에 불만을 품는다. 부모자식 간에도 무조건 한쪽만 양보하는 관계는 곪게 되어 있다. 아이의 불만이 쌓이고 쌓이면 부모와의 거리는 돌이킬 수 없을 정도로 멀어진다. 아이는 자라면서 점점 자신의 가치관과 주장을 확립해나갈 것이다. 그럴 때 부모가 일방적으로 자식의 양보만을 바란다면 서로 평행선을 달릴 수밖에 없다. 아이에게서 "엄마 아빠와는 대화가 안 통해!"라는 말이나 듣고 싶은가? 그게 아니라면 어릴 때부터 자녀와 타협하는 것을 연습해야 한다.

어떤 부모들, 특히 권위적인 부모들은 아이와 타협하는 것을 굴욕이라고 생각하는 경향이 있다. 아마도 한국 사회에서 '타협해서는 안 된다'는 식으로 타협이 부정적인 의미로 여겨지는 경우가 많아서일 것이다. 그러나 타협은 '서로 양보해 협의한다'는 뜻이다.

갈등을 감정의 대립으로 끌고 가지 않는 능력, 자신의 의견을 유연하게 바꿀 수 있는 능력, 자기 의견을 반영하면서도 서로가 만족스럽게 마무리 짓는 소통의 기술이다.

　부모가 자녀를 사랑한다고 해서 자녀와의 갈등을 언제나 잘 해결할 수 있는 건 아니다. 어떤 경우엔 타협하는 방법을 몰라 서로에게 상처를 주기도 한다. 아이와 타협하는 것은 부끄러운 일이 아니라 의견의 차이를 좁히고 합의를 이끌어내는 가장 합리적인 선택임을 잊지 않았으면 좋겠다.

차분한 대응법

2014년 이후로 학생들 사이에서 문제가 일어났을 때 학교에서 많이 사용하는 방법 중 하나가 '차분한 대응법'이다. 이 대응 방법은 문제를 유발하는 행동을 어떻게 다룰 것인지를 연구하고 자문을 해온 심리학자 부 헤일스코브 엘벤(Bo Hejlskov Elven)에 의해 개발되어 학교나 가정에서 문제 어린이와 청소년을 대하는 방법으로 정착되었다. 여기까지 읽은 독자들은 우리 책의 기조도 바로 이 접근 방법을 사용하고 있다는 것을 느낄 수 있을 것이다. 간단히 얘기하면 아이들을 꾸짖고 버릇을 고치려고 하는 대신에 아이들과 대화하고 동기를 부여하고 경청하는 데 초점을 둔 방법이다. 아이가 잔뜩 화가 나 있을 때 화로 대응하지 말고 차분하게 아이를 주시하는 것이다. 어른으로서 순간적인 화, 두려움, 절망과 같은 감정에 휘말리지 않고 차분하게 대응함으로써 이 차분함을 아이에게도 전파하는 방법이다.

'문제를 유발하는 행동(또는 문제 행동, behavior)'이란 주위의 부모나 교사가 문제라고 느끼는 행태를 말한다. 이런 행동은 독립적으로 일어나는 게 아니라 언제나 어떤 상황(문맥) 속에서 일어난다. 위 예에서 그레타가 마트의 사탕 코너를 지날 때 사탕을 사달라고 고함을 지르고 발버둥치는 것이 바로 하나의 상황이다. 그레타의 아버지는 그레타를 마트 밖으로 데리고 나가 시간을 가지고 차분하게 왜 사탕을 자주 먹으면 안 되는지, 왜 사탕을 먹고 싶은지 그레타의 얘기를 들으며 '차분한 대응'으로 문제를 해결했다. 아이를 강제로 마트 밖으로 안고 나가지 않고 마트 안에서 그레타에게 관심을 보이며 차분하게 얘기하며 해결했으면 더욱 좋았을 것이다. 물론 어려웠을 수도 있다. 그러나 불가능한 것은 아니다.

'차분한 대응법'은 감정이 폭발하기 전에 활용해야 한다. 아이들에게 언제나 긍정적인 태도로, 아이들 스스로 바로잡기를 기대하면서 평화로운 분위기를 만들어나가는 것이 중요하다. 평소에 언제나 차분함을 유지하며 불안이나 화 등을 전염시키지 않도록 해야 한다. 이렇게 할 때 극단적인 상황은 잘 일어나지 않는다.

이 대응 방법의 원칙 중 하나는 아이들 스스로가 바르게 행동하기를 원하고 있다는 데서 출발한다. 그렇게 하고자 하지만 여의치 않을 때, 그럴 때 어른들은 아이들을 잘 인도하고 가르쳐야 한다. 어른들은 아이들이 배우고 싶어 하도록 유도하고 어떤 상황에서 어떻게 행동하는 것이 바른 행동인지 이유를 설명해야 한다. 이것을 강제로 할 게 아니라 아이들이 스스로 깨닫고 자기 행동에 긍정적 변화를 가져올 수 있도록 해야 한다. 즉 부모나 교사, 상담사들에게는 아이들이 올바른 행동을 하고 스스로의 행동을 개선하도록 만들 책임이 있다.

또 다른 원칙은 어른으로서의 통제 욕구를 버리고 아이가 스스로 통제할 수 있도록 하는 것이다. 폭력이 일어날 수 있는 상황에서 이렇게 하는 것은 쉽지 않다. 그럼에도 어쩔 때는 농담까지 곁들여 아이들의 주의를 환기시키고 행동을 주시하면서 주위의 차분한 분위기에 아이 스스로 영향을 받도록 해야 한다.

에리카는 8살짜리 아들 요한이 교실에서 마구 뛰어다닌다는 연락을 받고 즉시 학교로 달려갔다. 요한은 집중하는 데 문제가 있고 과잉 행동을 한다는 진단을 받아, 일부 수업은 교실 옆의 작은 방에서 보조교사와 공부를 하고 있었다. 요한은 그 상황을 좋아하지 않는다. 그날도 교사가 교실 밖으로 나가 보조교사와 같이 공부하라고 해서 요한이 화를 낸 것이다. 요한은 책상을 꽉 잡고 고함을 지르며 나가지 않겠다고 반항했다. 교사가 강한 어조로 조용히 하라고 했지만 요한은 계속해서 화를 내며 교실을 마구 뛰어다니기까지 했다. 교사는 누가 다칠까봐 두려워 요한의 어머니에게 전화를 했다.

에리카가 학교에 왔을 때 다른 아이들은 쉬는 시간이라 밖으로 나갔지만 교사는 요한이 밖으로 나가지 못하게 지키고 있었다. 이리저리 날뛰는 요한을 잡으려고 했지만 계속 빠져나갔다. 에리카는 그 상황을 보고 화가 났지만 티를 내지 않고 교사에게 밖으로 나가 달라고 했다. 둘만 남게 되자 에리카는 그 자리에 서서 조용히 요한을 부르며 무슨 일이 일어났는지 직접 얘기하도록 했다. 요한이 머뭇거리자 에리카가 좀 더 가까이 다가가며 팔을 크게 벌렸다. 요한은 잠시 주저했지만 곧 훌쩍이며 엄마 품에 안겼다. 그리고 잠시 후에 훌쩍이며 불만을 털어놓았다. 교사가 자신에게 언제나 고함을 지르며 밖에 나가 보조교사와 공부하라고 하고 보조교사는 자신을 밖으로 내모느라 마구 끌어당긴다는 것이다.

이 상황을 분석해보면 우선 교사와 보조교사는 에리카처럼 '차분한 대응법'으로 문제를 해결하지 않은 게 분명하다. 교사가 요한에게 모든 아이들 앞에서 '밖으로 나가'라고 하기 전에 보조교사가 요한에게 조용히 다가가 '우리 밖으로 나갈까?'라고 할 수도 있고, 아니면 보조교사가 요한 옆에 앉아 있다가 좀 차분해졌을 때 '우리 밖으로 나갈까?' 하고 물어볼 수도 있다. 밖으로 나가선 소리 내어 서로 책을 읽어주며 상황을 반전시킬 수도 있다. 그래도 요한이 고함을 지르면 교사와 보조교사는 한발 물러서서 차분하게 상황을 지켜보다가, 쉬는 시간이나 하교 시에 어머니가 동석한 자리에서 옆방에서 따로 공부하는 게 왜 좋은지 설명할 수도 있다.

요한이 교실에서 마구 뛰어다닐 상황까지 갔으면 요한을 잡으러 다닐 게 아니라 오히려 차분함을 보이며 요한의 행동을 주시해야 한다. 요한으로 인해 다른 아이나 어른 들이 다치지 않게 하면서 요한의 관심을 다른 데로 끌 수 있는 대화를 유도해야 한다. 완전히 다른 방법, 예를 들어 과일을 가져와 아이들에게 나눠준다든지, 어떤 유머나 재미있는 얘기를 하는 등의 방법을 통해 상황을 누그러뜨릴 수도 있다.

요한의 어머니 역시 '차분한 대응'이 아닌 다른 행동을 취했을 수도 있다. 요한이 잘못하여 또 학교에 불려 갔다며 교실로 뛰어들어가 요한에게 화를 내며 고함지르고 생떼를 쓰는 요한을 집으로 끌고 갔을 수도 있다. 이럴 때 요한은 어머니 손아귀에서 빠져나오려고 어머니나 교사를 넘어뜨려 다치게 할 수도 있다.

차분한 대응법이 가끔 아무것도 하지 않거나 하면 안 되는 '방치'로 왜곡되는 것을 볼 수 있다. 그건 절대 아니다. 차분한 대응법은 극단적 상황이 발생하지 않도록 하고 그런 상황이 발생했을 때 그것이 더 극단적으로 치닫지 않게 누그러뜨리는 것이다. 또 어떤 상황에 어떻게 대처했는지를 평가하여 그런 상황이 다시 일어나지 않도록 하는 것도 포함되어 있다.

우리는 이 차분한 대응법이 학교나 가정에서 아이들을 키울 때 사용할 수 있는 아주 좋은 방법이라고 확신한다. 이 방법을 잘 사용하면 교실이나 가정의 분위기가 훨씬 더 부드러워지고 좋아질 것이다.

외박한 자녀를
그냥 두냐고?

막내딸이 고등학교를 졸업하던 때였다. 한국에 있던 남편은 딸의 졸업식을 위해 스웨덴을 잠시 방문했다. 고등학교 졸업식 때문에 스웨덴까지 날아가는 것을 사치라고 생각할지 모르지만 스웨덴에서는 대학교 졸업보다 고등학교 졸업을 더 중요하게 여긴다. 대학에 입학하는 시기가 들쑥날쑥하고 대학에서 일부 학점만 이수하는 사람도 많은 데다 대학 졸업식이 특별히 따로 없는 것도 이유일 것이다(학점을 다 따면 졸업이라고 생각하면 된다).

어쨌든 스웨덴에서는 고등학교 졸업이 인생에서 하나의 중요한 사건이다. 그래서 고등학교 졸업식 때가 되면 멀리 사는 친척들도 차려입고 학교로 찾아와 축하해준다. 그러고는 집에 와서 다 같이 파티를 벌이며 저녁을 먹는다.

남편이 스웨덴에 도착한 다음 날은 5월의 마지막 일요일, '어머니날'이었다. 딸아이는 어머니날 선물로 이날 아침식사를 준비하기로 했다. 그런데 아침 9시가 넘어서야 딸아이는 허겁지겁, 피곤한 모습으로 부엌에 들어섰다. 그러고는 구운 빵에 커피를 곁들인 아침을 우리 부부에게 차려줬다. 스톡홀름 시내에서 외박을 하고 첫차를 타고 온 게 분명했다.

아침을 같이 먹으면서 남편은 딸에게 어젯밤에 뭘 했냐고 물었다. 딸아이는 스톡홀름 시내에서 새벽 2~3시까지 술을 마시고 춤을 추며 놀았다고 했다. 술을 많이 마신 것은 아니지만 시간이 너무 늦어서 시내에 있는 친구의 집에서 잠시 눈을 붙였다고 했다. 그리고 그 친구가 남자라는 사실도 분명히 밝혔다. 스웨덴어로는 '남자친구'가 애인인지 그냥 친구인지가 구별된다. 아침식사를 마치자 딸아이는 설거지까지 끝내고 자기 방으로 가서 곯아떨어졌다.

고등학교 졸업을 앞둔 어린 여자애가 밤새 술 마시고 놀다 온 것, 게다가 친구든 뭐든, 남자 집에서 자고 온 것을 한국의 많은 부모들은 받아들이지 못할 것이다. 그러나 여기 부모들은 자녀를 일단 신뢰한다. 성적인 부분을 포함한 자신의 삶은 스스로 결정하고 책임져야 한다. 그렇기 때문에 아이도 부모가 물었을 때 둘러대거나 거짓말하지 않고 있는 그대로 이야기한다.

명령보다 타협,
권위보다 자율을 중시하는 스칸디 부모

요즘 아이들은 게임을 많이 한다. 스웨덴 아이들도 예외는 아니다. 중학생이 되면서 게임하는 시간은 더 늘어난다. 요즘은 젊은 아빠들도 가끔 친구들과 만나 밤새 게임을 하며 맥주를 마시기도 한다. 특히 한창 공부해야 할 나이에 게임에 빠지는 아이들을 둔 부모들은 걱정이 태산 같다.

중학생인 한스는 인터넷으로 게임을 많이 했다. 스웨덴어뿐 아니라 영어로도 게임을 하는 걸로 봐서 외국 아이들과도 함께 하는 모양이었다. 그리고 한번 게임을 시작했다 하면 밤늦게까지 하기 일쑤였다. 한스의 부모는 당연히 걱정했다. 부모는 한스가 학교 공

스칸디 아이들은 어릴 적부터
자유롭고 주도적으로 살아왔기 때문에
어른이 되어서도 단순하지만 윤택하게 사는 법을 알고 있다.

부에 조금 더 충실할 수 있도록 게임 시간을 통제하기로 했다. 주중에는 저녁 8시부터 9시까지 하루에 최대 한 시간, 주말엔 하루에 세 시간만 게임을 할 수 있게 했다. 아이가 항의하긴 했지만 결국 부모의 말을 따랐다.

그런데 게임 시간을 통제한 결과는 예상을 빗나갔다. 한스가 귀가하는 시간이 늦어졌고 일찍 집에 와도 저녁 8시가 될 때까지 하는 일 없이 집 안을 돌아다니거나 초조하게 게임할 시간만 기다렸다. 그러다 저녁 8시가 되기 무섭게 한 시간 동안 넋이 빠진 아이처럼 게임에 집중했다. 그리고 9시가 되어 잠자리에 들 때까지 아이는 멍하니 앉아 부모와 대화도 하지 않았다. 몹시 불행해 보였다.

주말에도 마찬가지였다. 게임을 하는 것 외엔 다른 어떤 것에도 흥미를 느끼지 못하고 점점 생기를 잃어갔다. 오로지 게임 시간만 기다렸다. 아이가 근심에 싸인 채 긴장한 모습이 역력했다. 물론 공부에도 집중하지 못했다.

부모는 뭔가 조치를 취해야겠다고 생각했다. 게임 시간을 통제한 뒤부터 한스는 유난히 어두워졌고 생기를 잃었으며 초조해 보였기 때문이다. 먼저 부모는 한스가 어떤 게임을 하는지 살펴보았다. '상상 전략 게임'이라는 것으로, 생각처럼 나쁜 게임은 아니었다. 오히려 한스의 창의력과 상상력을 자극할 수 있는 게임인 것 같았다. 이 정도의 게임이라면 아이의 휴식과 재충전에 도움이 될 만도 하겠다고 생각했다. 그래서 다시 아이가 원하는 만큼 게임을 하게 했다. 단, 책임을 다해야 한다는 조건을 걸었다. 학교 공부에 충실하고, 숙제도 제때에 하는 등 좋은 결과를 계속 보여줘야 한다는 조건이었다.

아이는 무척 기뻐했고 분명한 변화를 보여줬다. 집에 오자마자 숙제와 필요한 공부를 집중해서 해놓고 몇 시간 동안 게임을 했다. 학기말 성적도 거의 모든 과목에서 좋은 점수를 얻었다. 특히 영어에서 최고 성적이 나왔고 영어가 완전히 생활 언어가 될 정도였다. 다른 나라 아이들과 컴퓨터게임을 하면서 영어 실력을 다진 덕분이었다.

이 이야기는 아주 성공적인 사례로 들릴 것이다. 그런데 어릴 때부터 스스로 자신을 통제하는 법을 배우지 못하고 부모나 선생님의 지시에 따르는 데 익숙한 한국 학생들에게 '자신의 책임 아래'라는 조건만 달고 게임을 무제한 허용하면 어떻게 될까? 우려되는 것도 사실이다.

하지만 분명한 것은 강제로 게임을 못하게 하면 대부분의 아이들이 의욕을 잃거나 숨어서 하게 된다는 점이다. 중학생 정도 된 아이를 부모가 완전히 통제하기란 불가능하다. 방 안에 가둬두거나 일일이 따라다니면서 간섭할 수도 없는 노릇이다. 물론 그렇게 하는 부모도 있을 것이다. 하지만 그랬을 경우 오히려 아이의 반항심만 부추기기 십상이다.

부모가 보지 않는 곳에서도 스스로 자제할 수 있는 '책임 있는 자유', 즉 자기통제력을 길러줘야 한다. 그러기 위해서는 부모가 먼저 평소에 아이에게 무한한 신뢰를 보여줘야 한다. 그러면 아이는 부모를 실망시키지 않으려고 노력하면서 자연히 스스로를 통제할 수 있게 된다.

한국 학생들은 어릴 때부터 스스로를 통제하는 법을 배우는 대신 부모나 학교 교사들의 지시에 따르는 법을 배운다. 지시에만 따르던 아이에게 갑자기 주어지는 자유는 오히려 혼란을 초래할지도 모른다. 스웨덴에서는 어릴 때부터 "이렇게 해라", "저렇게 해라"라고 명령하기보다는 "너는 어떻게 생각해?"라고 의견을 묻는다. 부모는 그에 대해 피드백을 줄 뿐, 결정은 아이 스스로 내린다. 책임도 스스로 진다.

믿어주고 지켜봐주면 아이들은 부모가 항상 곁에 있다는 것을 안다. 그래서 어떤 일을 하기 전에 '내가 이 일을 하면 부모님이 어떻게 생각할까?'라고 한 번 걸러 생각하고 행동하게 된다. 이처럼 자기통제력이 생긴 아이들은 자유롭게 풀어줘도 부모를 크게 실망시킬 일은 하지 않는다.

아무리 어린 자녀의 생각일지라도 스칸디 부모들은 일단 존중한다. 조언을 해줄지언정 틀렸다고 말하지 않는다. 설사 틀렸다 해도 크게 어긋나지 않는 한 경험을 통해 배우는 것도 중요하게 생각하기 때문이다. 또 실수를 하더라도 스스로 잘못을 수습해보면서 책임감을 키우게 된다. 겉으로 보기에는 아이들이 원하는 대로 하는

것 같지만 아이들 마음속에는 이미 책임의식이라는 든든한 거름망
이 있다.

Chapter

스칸디 대디는
아이와 저녁을
함께 먹는다

가정에서부터 참여와
책임을 강조한다

아이들이 초등학교에 들어가고 자기표현을 하기 시작하면서부터 많은 스웨덴 가정처럼 우리 집에서도 가족회의를 했다. 매달 마지막 주 일요일 오후 3시 무렵, 주말의 모든 활동이 끝나는 시간이 되면 가족들이 거실에 모인다. 갓 구운 빵과 커피, 주스를 준비해놓고 이야기를 시작한다. 보통 부모가 안건을 말하고 아이들에게도 묻는다.

"엄마와 아빠는 이번 여름휴가에 대해 얘기하고 싶어. 그리고 집안 청소를 어떻게 나눠서 할 것인지도 얘기해야 해. 너희가 얘기하고 싶은 것 있으면 지금 말해."

"스마트폰!"

둘째 아이가 말하자 막내도 이에 질세라 "강아지!" 하며 안건을 더한다.

아이들의 안건을 기록해놓고 여름휴가에 대한 얘기부터 나눴다. 이번 여름휴가 기간 동안 뭘 할 것인가? 스웨덴에서는 아이들의 여름방학이 두 달 정도로 꽤 길다. 직장인들의 휴가도 보통 한 달 이상으로 한국과는 비교도 안 되게 길다. 아이들 방학에 맞춰 엄마는 4주간의 휴가에 들어가고, 그보다 1~2주 늦게 아빠가 5주 동안의 휴가에 들어간다. 이렇게 부모의 휴가 기간에 시차를 두는 이유는 아이들을 여름 동안 방과 후 활동이나 유아학교에 보내지 않고 최대한 오래 집에서 지내게 하기 위함이다. 그래서 부모들의 공동 휴가 기간은 기껏해야 3주 정도밖에 안 된다. 이 기간조차 한국에 비하면 무척 긴 시간이지만 말이다.

우리 부부는 집수리 등을 하면서 집에 머물고 싶었다. 아이들은 어딘가로 여행을 가고 싶어 했다. 우리는 매년 겨울 스키 여행을 가지만 여름엔 세계 어느 곳보다 스웨덴이 좋다며 집에서 여름을 보내자고 했다. 집 근처로 소풍을 가고, 자전거도 타고, 호숫가에 가서 수영도 즐기고, 바닷가에서 해수욕도 할 수 있다고 주장했다. 아이들은 그렇게 하는 것도 재미있지만 뭔가 더 하고 싶다고 졸랐다. 결국 워터파크와 놀이공원에 가서 며칠 놀고 그 근처의 외가댁을 방문하기로 했다.

"만약 여름 내내 비가 오면 돈을 들여서라도 여행을 가야 해. 여름에 햇볕을 쬐지 못하면 우린 겨울을 못 견뎌내."

나의 의견에 온 가족이 고개를 끄덕이며 동의했다.

다음으로 청소가 안건으로 올라오자 모두가 싫어하는 눈치다.

"깨끗한 걸 싫어하는 사람은 없지, 안 그래?"

나의 말에 누구도 이의를 제기하지 못하고 청소를 어떻게 나눠서 할 것인지 결정했다. 매주 토요일에 청소를 하되 아이들은 각자 자기 방을 청소한다. 엄마는 먼지를 닦고 화장실 청소를 하고 아빠는 진공청소기로 바닥을 청소한다. 문제는 아이들이 자꾸 청소를 미룬다는 거였다. 토론 끝에, 토요일 각자가 원하는 시간에 청소를 하되, 늦어도 5시 전에는 모두 끝내는 것으로 합의를 봤다. 그래야 좀 아늑하고 조용한 저녁식사 시간을 즐길 수 있고 저녁에 외출도 할 수 있기 때문이다.

그러고 나서 스마트폰 문제가 상정되었다. 아이는 스마트폰을 가져야 하는 이유를 설명하기 시작했다.

"우리 반 애들 모두 스마트폰을 가지고 있어요. 없으면 따돌림당해요."

"다 가지고 있긴 뭘 다 가지고 있어."

막내가 웃으면서 말했다.

"전에도 얘기했듯 스마트폰은 열한 살이 되는 생일날에 사줄 거야. 그러니 어떤 걸 갖고 싶은지 봐뒀다가 말해주면 우리 형편에 맞는 가격인지 판단해보고 사줄게."

"그럼 한 달이나 기다려야 해요?"

아이는 한숨을 쉬었다. 남편이 아이를 위로할 겸 덧붙였다.

"어떤 성능의 스마트폰이 필요한지, 어떤 게 좋은지 시장조사도 해보고 가격 대비 성능도 조사해봐야지. 그러다 보면 한 달이 금방 갈걸. 그리고 기다릴 줄도 알아야 해."

그러자 아이는 만족스러운 표정을 지었다. 물건을 비교해볼 생각에 들뜬 것 같았다. 스마트폰 이야기가 마무리되자 막내는 기다렸다는 듯 강아지 이야기를 꺼냈다. 이야기를 다 들은 나는 왜 강아지를 키울 수 없는지 설명했다.

"강아지를 키우는 건 쉬운 일이 아냐. 뒤치다꺼리가 만만찮고, 강아지를 하루 종일 혼자 두면 안 돼. 우리 집은 아침 8시부터 오후 4시까지는 아무도 집에 없잖아."

"내가 수업 끝나고 자전거 타고 잽싸게 집에 올게. 강아지를 산책시킨 다음에 방과 후 활동 시간에 다시 학교로 가면 되잖아."

막내는 자기가 할 수 있다는 주장을 펼쳤지만 나는 아이를 설득했다.

"매일? 겨울에는 눈이 많이 오는데 자전거를 탈 수 있을까? 그리고 시간상으로도 그건 불가능해. 그러지 말고 우리가 숲속에 사니까 강아지 대신 토끼를 키우면 어떨까?"

아이는 솔깃해하며 눈을 반짝거렸다. 하지만 내 생각엔 토끼를 키우는 일도 쉽지 않아 보였다.

"토끼 키우기도 결코 만만치 않아. 토끼한테 매일 먹이를 주고 같이 놀아줘야 하고 줄에 묶어 산책도 시켜줘야 해. 물론 똥도 치워야 하고. 그러니 우리 이 문제는 좀 더 생각해보고 다음 가족회의 때 결정하는 게 어떨까?"

"난 지금 갖고 싶은데!"

막내는 쉽게 포기하려고 하지 않았지만 내가 다시 한 번 아이를 설득했다.

"사더라도 우리가 정원에서 많은 시간을 보내는 여름에 사는 게 좋겠다. 처음엔 토끼집도 지어야 하고 할 일이 많거든. 게다가 토끼가 우리 집에 와서 적응하려면 우리가 집에 있는 시간이 많은 여름 휴가 때 사는 게 좋겠어."

"그래, 토끼도 혼자 오래 있으면 불쌍하겠어."

드디어 막내도 동의했다. 지금 당장 살 수 없는 게 아쉽기는 하지만, 그래도 여름이 되면 살 수 있다는 사실에 기뻐했다.

이것은 스웨덴 가정의 일반적인 가족회의 모습이다. 스웨덴 부모들은 이처럼 가족회의를 통해 아이들을 가정의 대소사에 참여하게 한다. 아이들도 자기 문제를 꺼내놓고, 의견을 피력하며, 부모들은 그 의견을 경청한다. 아이들도 의견을 내서 가족의 의사 결정에 영향을 행사할 권리가 있다. 나이와 관계없이 모든 아이들을 자신의 우선 과제, 흥미와 의견을 적극적으로 표현할 수 있는 가족 구성

스웨덴 가정에서는 자녀가 아주 어릴 때부터
자신의 일을 스스로 결정하고 책임지도록 가르친다.
아이를 키우는 데 있어 참여와 책임은
아주 중요한 원칙이다.

원으로 인정해야 한다.

또한 가족회의는 가정에서 민주주의를 직접 체험하고 배울 수 있는 아주 좋은 방법이다. 아이들은 가족회의에 참여해 자기 문제를 안건으로 내고, 여러 가지 문제에 대해 의견을 밝히고 토론을 한다. 그러면서 자신의 의사가 모두 관철되지는 않는다는 것도 배운다. 의견이 분분할 때 타협하는 기술도 배운다. 시간과 비용 등에 따라 우선순위를 정하는 법도 배운다. 민주주의의 과정이 그렇게 간단하지 않고 복잡하다는 사실을 알아가는 것이다.

가족회의는 아이들에게 부모와 아이들이 서로 평등하다는 생각도 심어준다. 부모와 아이들이 평등하다는 것은 부모든 아이든 인간으로서 똑같은 가치를 지니고, 똑같이 의견을 발표할 권리가 있으며, 똑같이 경청할 필요가 있다는 것을 의미한다. 아주 어린아이도 자기 의사를 표현할 권리가 있고, 다른 구성원은 그 아이의 말을 경청할 의무가 있다.

아이의 의견이
허무맹랑하다면?

물론 나이와 성숙도에 따라 아이의 의견이 비현실적인 경우가 있고, 그런 비현실적인 의견을 다 따를 수 없는 것이 사실이다. 아이들이 어릴 때 가족회의에 자주 오르는 안건 중에는 부모 입장에서는 논할 가치가 없을 정도로 허무맹랑한 것도 많다. '왜 우리는 태국으로 이사 가지 않아요?', '왜 정원에 수영장을 만들지 않아요?' 하는 식이니 말이다.

그러나 아이들의 의견이 전혀 현실적이지 않다 해도 아이들의 시각과 관점에서 설명해야 한다. 태국으로 이사 가지 못하는 이유는 얼마든지 있을 것이다. 친구들은 다 스웨덴에 있는데 친구들 없이 그곳에서 살 수 있나? 춥고 어두운 스웨덴의 겨울을 피해 휴가로 2주간 여행을 하는 것은 좋지만, 1년 내내 뙤약볕에서 태풍을 겪으며 사는 것도 과연 좋을까? 직장 문제, 돈 문제를 거론할 수도 있다. 2주 동안 맛있는 음식을 골라 먹고 해변에서 수영하는 것은 좋지만 1년 내내 그렇게 살기는 힘들며, 일을 해야 하고, 또 돈이 충분치 않으면 매일 좋은 음식을 먹기도 힘들지 않나 등등.

단 한마디로 "안 돼!"라고 거절하는 것보다 이렇게 서로 이유를 얘기하면 아이들과 발전된 대화를 이어갈 수 있고, 아이들은 아이들대로 자신이 참여해 영향을 미친다고 느끼면서 생각하는 능력을 키울 수 있다. 또한 부모는 아이들의 이야기를 경청하며 아이들과 가까워질 수 있다.

부모는 자녀의 나이와 성숙도에 따라 얼마나 진지하게 의사를 표현하고 표현된 의사가 얼마나 현실적인지, 그리고 자신의 의사에 대해 책임지는 자세를 보이는지 등을 전체적으로 판단해야 한다. 이는 최종적으로 부모의 책임이다. 즉 부모는 집안의 의사 결정 과정에 아이들이 얼마나 참여하고 아이들의 의사를 얼마나 반영할 것인지를 결정해야 한다.

가족회의를 하지 않으면, 아이들은 아이들대로 의문과 불만을 품은 채, 부모는 부모대로 아이들의 속마음을 제대로 알지 못한 채 하루하루가 흘러가버린다. 아이들 입장에서 보면 왜 우리는 개를 키울 수 없는지, 왜 열한 살이 될 때까지 스마트폰을 가질 수 없는지 이해하기 힘들 것이다. 평소에 아이들이 무슨 말을 하는지 유심히 듣는 것은 아주 중요한 일이다. 그런데 가족회의와 같이 특별한 시간을 정해 좀 더 공식적으로 이야기하고 논의를 실행에 옮기는 것도 평소에 아이들의 얘기를 경청하는 것 못지않게 중요하다.

나쁜 일일수록
아이들에게 알려야 한다

아이들을 적극적인 가족 구성원으로서 가족 대소사에 참여시키고 영향을 미치게 하려면 정보를 공유하는 것이 중요하다. 즉 집 안의 일들을 아이들에게도 충분히 알려야 한다. 예를 들어 '주말에 외할머니를 방문할 것인가?'와 같은 간단한 문제도 아이들이 미리 아는 것이 좋다. 가족의 이사와 같은 중요한 사안은 처음부터 아이들을 참여시켜 의견을 들어야 한다. 아이들은 가족의 부속품이 아니다. 아이들 역시 어른과 마찬가지로 주체적인 존재라는 걸 잊어서는 안 된다.

우리 부모도 그랬지만 힘들고 나쁜 일일수록 아이들에게 숨기는 경우가 많다. 가족 중 한 사람이나 가까운 친척이 중병에 걸렸을 때도 마찬가지다. 그러나 아무리 어리다고 하더라도 집에 뭔가 근심거리나 슬픈 일이 생기면 아이들은 금방 눈치챈다. 아이들은 정서적으로 부모와 가깝기 때문에 부모가 고통스러워하거나 슬픔에 잠겨 있으면 쉽게 알아차린다. 물론 모든 걸 다 얘기하기 어려울 때가 있지만 그래도 이야기하는 것이 좋다. 아이들은 어른이 생각하는 것 이상으로 뛰어난 이해력의 소유자다. 5~6세만 돼도 부모의 불안과 걱정을 이해할 수 있다.

"아빠가 아파서 치료를 받아야 한단다. 의사 선생님은 완치될 가능성이 있다고 했으니까 다 같이 함께 결과가 어떨지 기다려보자. 우선 선생님의 처방대로 치료를 받고 그 뒤는 치료 결과를 보고 생각하자."

아이들에게 있는 그대로 이야기하자. 물론 부모 입장에선 아이들이 감당하기 어려울 이야기를 하는 게 힘들 수 있다. 그러나 집안에 뭔가 심각한 일이 일어났다는 것을 눈치채고도 그게 정확히 무엇인지 모르는 채 상상만 하며 걱정하는 것이 아이들에게는 더 힘든 일이다. 그러니 아이들에게 솔직하게 이야기하고 진지하게 대화하는 편이 낫다. 아이들은 궁금한 것을 묻고 자신이 걱정하는 바를 털어놓으면 오히려 더 잘 견뎌낼 수 있다.

가족에게 위기 상황이 벌어졌을 때 아이들을 소외시켜서는 안 된다. 아이들은 나쁜 일이 생긴 것을 자기 탓으로 돌리는 경향이 있다. 예를 들어 자기가 말을 안 들어 아빠가 병이 났다든가 하는 식으로 생각하는 것이다. 그러니 가족 간의 대화를 통해 아이들이 그런 죄의식에서 벗어나게 해야 한다.

북유럽 가정에서 저녁식사가 중요한 이유

스웨덴에서는 아빠나 엄마가 어떤 일을 독단적으로 결정하고 행동하기보다는 가족회의나 저녁 시간에 자유롭고 평등하게 의견을 나누면서 결론을 이끌어낸다. 가족회의뿐 아니라 평일 저녁에도 거의 모든 가족이 모여서 함께 저녁식사를 한다. 부모 중 누가 가족과 저녁을 같이 먹지 못하는 경우는 1년에 서너 번, 한 손에 꼽을 정도다. 가족이 함께 저녁식사를 하지 않는 것이 그만큼 드문 일이다.

한 달에 한 번인 가족회의는 큰 이슈를 논의하기에 좋고, 평소의 저녁식사 자리는 그날그날 무슨 일이 있었는지를 이야기할 수 있는 아주 좋은 기회다. 어릴 때는 서로 자기 말만 하려는 경향이 강하다. 이야기가 시작되면 아이들은 꼭 닭장의 닭들처럼 한꺼번에 쫑알거려서 우리 부부가 교통정리를 해야 했다. 가족 구성원 모두에게 말할 기회를 공평하게 주고 다른 사람이 말할 때는 경청하도록 하는 게 부모가 할 일이다. 또 아이들에게 경청하는 방법을 가르치기 위해 우리 부부는 아이들의 이야기에 언제나 질문을 하거나 코멘트를 했다. 특히 일요일 저녁식사 때는 평일보다는 여유로워서 그런지 모두가 하고 싶은 말을 다 할 수 있었다.

　그러다 사춘기쯤 되면 아이들은 얘기를 많이 하지 않는다. 자기 생각을 갖게 되면서 잔소리도 듣기 싫어한다. 그래서 우리 부부는 저녁식사 시간에는 아이들에게 잔소리하지 않기로 서로 약속했다. 얘기할 게 있으면 식사 전이나 식사 후에 잠시 하기로 했다. 식사 분위기가 안 좋아지는 상황을 피하고 할 얘기가 있으면 아이들 하나하나와 따로 대화하는 게 낫겠다고 생각했다.

　저녁식사 시간에는 되도록 아이들이 말하고 싶은 것을 자유롭게 이야기할 수 있는 분위기를 조성했다. 아이들은 그날 학교나 유아학교에서 있었던 일을 주로 얘기했다. 이야기가 잘 안 풀리면 우리가 먼저 직장에서 있었던 일을 말하며 운을 떼기도 했다. 무엇보다 아이들이 좋아하는 이야기를 해야 대화를 끌어낼 수 있다. 우리는 우리가 좋아하지 않는 드라마도 아이가 좋아하면 억지로라도 같이 보며 공통의 관심사를 찾아내려고 노력했다.

그렇다고 해서 아이들의 이야기를 무조건 들어주고 항상 아이들을 중심에 두어야 한다는 말은 아니다. 때와 장소를 가려 이야기하는 법도 가르쳐야 한다. 가령 다른 사람들과 저녁식사를 하는 자리에서 아이가 새 컴퓨터를 사달라며 조른다고 가정해보자. 그럴 때 부모는 "그 문제는 집에 가서 얘기하자"라고 말할 수 있어야 한다. 그런 다음 집에 와서 정말 그 문제에 대해 아이와 진지하게 대화를 하면, 그 뒤에도 아이는 요구 사항이 있을 때 부모와 대화할 시간을 기다릴 줄 알게 된다.

　가정은 아이들을 정서적으로, 육체적으로 잘 키워내고 필요한 지식을 얻게 하는 기본적이고 중요한 역할을 하는 곳이다. 이러한 관점에서 볼 때 아이들의 의사를 존중하는 것은 너무나 당연하다는 것이 이곳 부모들의 생각이다. 오히려 아이들의 의견이기 때문에 더욱 귀 기울여야 하는 것이다.

　아이들의 의견이나 관점이 잘못되었다고 판단될 때도 무시하기보다는 반론하고 질문하고 토론하며 아이 스스로 깨닫게 해야 한다. 가끔은 아이가 잘못된 주장을 펼쳐도 아이의 결정을 그대로 따라준다. 다음에는 잘못된 일을 반복하지 않게 하기 위한 일종의 충격 요법이다. 이런 문화는 남편과 아내, 그리고 부모와 자식 간에 수평적인 관계를 추구하기에 가능한 것이다.

기다려주는 부모,
자신감 넘치는 아이

화가 나면
소리쳐도 돼

둘째 아이의 친구였던 오스카르는 여자애들보다 머리가 더 길었다. 남자아이가 머리를 기른다고 부모나 선생님, 주변 어른들이 뭐라고 하지 않을까 생각했지만 오스카르의 부모는 전혀 개의치 않았다. 그런데 오스카르의 머리를 지적한 이는 바로 축구 선생님이었다. 연습할 때는 머리를 뒤로 묶는 오스카르를 보고 선생님은 "네가 훌륭한 축구선수가 되려면 머리를 깎아야 해"라고 말했다. 하지만 오스카르는 당당하게 말했다.

"제가 원하는 대로 머리를 기를 수 없다면 축구를 그만두겠어요. 저는 긴 머리가 잘 어울려요. 머리를 짧게 자르면 여자아이들이 저를 좋아하지 않을 거예요."

오스카르는 정말 축구를 그만두었다. 한국에서라면 어린애가 당돌하다고, 혹은 버르장머리 없다고 꾸중을 들었을 테지만 스웨덴에서는 아이의 의견을 존중한다. 아이들이 밖에 나가서 당당하게 자신의 의견을 말할 수 있는 것은 집 안에서부터 그렇게 교육을 받기 때문이다.

가정은 아이들에게 가장 편안하고 안전한 장소다. 부모라는 든든한 울타리 안에서 보호를 받으며 자신의 세계에 머물 수 있는 유일한 장소이다. 그러니 아이들이 낮 동안 밖에서 표현하지 못하고 눌러놓았던 실망이나 분노, 두려움 같은 감정도 집에 오면 모두 발산할 수 있게 해야 한다. 이러한 감정을 모두 받아주기 위해 부모가 존재하는 것이다. 물론 기쁨이나 즐거움, 행복하고 긍정적인 감정도 집에서 맘껏 발산할 수 있게 해야 한다. 아이들이 자신의 감정을 부모와 나누고 표현하지 못한다면 누구와 할 것인가?

한번은 스웨덴 친구의 집을 방문했는데 친구의 열 살 된 딸아이 마리가 학교에서 돌아왔다. 아이는 뭔가 나쁜 일이 있었는지 씩씩거리며 들어오더니 우리한테 인사를 하자마자 자기 방으로 올라갔다. 그러더니 갑자기 아이가 고함을 지르며 우는 소리가 들렸다. 아이가 이유를 말하지 않고 화를 내면 부모는 답답해서 견디기 힘들다. 아이가 버릇이 나쁜 건 아닌지, 화를 억누르지 못해 그러는 건 아닌지 걱정도 된다. 남편은 아이를 달래야 하지 않냐고 했다. 그러자 친구는 달래려고 하면 아이는 더욱 화를 낼 테니 감정을 다 발산할 때까지 기다리는 편이 낫다고 했다.

몇 분 뒤 우는 소리가 그치자 친구는 아이의 방으로 갔다. "왜 화가 났는지 아빠한테 말해줄 수 있겠니?"라는 말로 대화를 시작했다. 그리고 얼마 뒤 아이는 차분해진 얼굴로 친구와 함께 내려왔다. 한껏 감정을 발산한 아이는 피곤했는지 아빠의 무릎 위에 앉아 자기가 그렇게 화를 낸 것을 후회하기라도 하듯 잠자코 있었다.

한국의 친구 집에 갔을 때도 비슷한 일이 있었다. 친구의 아이가 화난 표정으로 집에 돌아오더니 엄마가 묻는 말에 대답도 하지 않고 방문을 쾅 닫고 들어가버렸다. 그러자 아이 엄마는 아이 방에 쫓아 들어가더니 "그게 무슨 버릇없는 태도니. 화가 나는 일이 있어도 참을 줄 알아야지!"라고 혼을 냈다. 그러고 나서 그날 저녁 내내, 아니 며칠 동안 아이와의 냉전이 지속됐다고 한다.

살다 보면 누구나 화가 나는 일이 있기 마련이다. 그런데 집에서조차 그런 감정을 표현하지 못하고 억누르면 더 큰 부작용을 초래한다. 참고 누르기만 하면 어디선가 폭발하게 되어 있다. 간혹 문제 아들의 부모를 보면 "우리 아이가 얼마나 착한데"라고 말한다. 부모가 엄격해서 집 안에서는 감정을 숨기기만 하다가 분노를 애꿎은 타인에게 표출하는 경우다. 그런데 부모는 얌전하고 착한 아이라고 철석같이 믿고 있는 것이다.

남에게 피해를 주지 않고 사적인 공간인 집에서 감정을 발산하는 편이 낫다. 아이들도 화병에 걸린다는 사실을 아는가? 아이들이 가장 안전한 공간인 집에서 가장 편안한 존재인 부모에게 감정을 표현하지 못하면 우울증에 걸리기도 한다.

화가 날 때는 고함을 지르는 게 최고다. 그러면 금세 마음이 가라앉는다. 화는 참으면 오래가지만 고함은 지르고 나면 다시 세상에서 가장 활달하고 기쁜 아이가 된다. 남자아이들도 마찬가지다. 한국의 많은 남자들은 어릴 때부터 "남자가 울면 안 되지!"라는 식의 말을 줄곧 들으며 자란다고 한다. 그러나 스웨덴에서는 그런 말을 하지 않는다. 우리 아들에게도 그런 말은 해본 일이 없다. 딸이든 아들이든 속상할 때는 마음껏 울게 놔둔다. 울다 지쳐 잠든 다음 날 아침에 아이의 표정을 보면 막혀 있던 것이 내려간 것처럼 시원해 보인다. 새롭게 시작할 수 있다는 듯 눈도 반짝반짝 빛난다.

고집도 마찬가지로 꼭 부정적인 것만은 아니다. 물론 억지만 부리면 문제가 된다. 잘못된 일도 몇 번 반복하고 나서야 부모 말을 들으니 키우기가 더 어려운 것도 사실이다. 그러나 고집이라는 것은 긍정적으로 발전시키면 '집념'이 된다. 어떻게 보면 인류의 발전은 고집 센 사람들의 집념이 있었기에 가능했다. 그러니 고집이 세다고 꾸짖기만 할 것이 아니라 어떻게 하면 긍정적인 집념으로 바꿔줄 수 있을지 고민하는 편이 훨씬 낫다. 아이의 특성을 인정하고 기다리겠다고 마음먹는 게 더 나은 선택일 수 있다는 이야기다. 아이가 어떤 경우에 억지를 부리는지 세심하게 관찰하며 아이의 관심이 어디에 있는지, 뭘 좋아하는지, 어떤 부분에 관심을 쏟으면 좋을지 파악하고 그런 쪽으로 아이의 관심을 유도해 발전시키는 것이 현명하다.

아이와 토론하는
스웨덴 부모

아이들은 어릴 때 분노와 기쁨 등 단순한 감정을 표현하다가 점차 커가면서 자신의 의사와 관점을 표현한다. 부모는 그런 것들을 자유롭게 드러내고 발전시키도록 도와야 한다.

가정에서는 종교의 자유, 정치의 자유, 관점과 표현의 자유가 존재해야 한다. 모든 것에 대해 토론할 수 있어야 한다. 아이들의 의견과 관점, 선택을 존중하고, 왜 그런 선택을 했는지 동기와 이유를 명확히 해서 논리를 발전시키도록 도와야 한다. 그리고 아이들 스스로 자신의 삶, 공부하고 싶은 과목, 진학, 직업을 선택하게 해야 한다. 토론하고 지지하자. 부모로서 의견을 표현하는 것은 좋다. 그러나 그것을 강요하지 말고 아이의 의사와 선택을 존중하자. 만약 부모의 의견이 다르다면 왜 다르게 생각하는지 설명하는 과정이 필요하다. 아무 이유 없이 무엇을 금지하거나 강요하면 아이들에게서 설득력을 잃는다.

같은 동네에 사는 큰아이의 친구 호칸네 집은 전통적으로 사민당을 지지하는 집안이다. 사민당은 오늘날 스웨덴이 누리는 보편적 복지제도를 만들고 발전시킨 정당이다. 그런데 호칸이 10대가 되면서 자신의 가치관이 생기자 부모의 정치적인 관점에 문제를 제기하기 시작했다.

어느 날 저녁식사 시간에 호칸은 스웨덴이라는 국가가 개인의 삶에 너무 많이 개입한다며 이야기를 시작했다고 한다. 사민당의 높은 세금 정책을 비판하며 더 많은 선택의 자유와 낮은 세금을 주장했다. 그러자 호칸의 엄마는 아이의 이런 정치적인 견해에 반대하며 화를 냈다. 그러다 설거지를 핑계로 그 자리를 피했다. 화를 숨기고 싸우지 않기 위해서였다. 엄마는 아이가 왜 자신과는 정반대로 생각하는지 이해할 수 없었고 그럴 때마다 화를 냈다.

대신 아빠는 차분하고 논리정연하게 자기 생각을 얘기했다. 아들의 의견이 비록 자신과 다르긴 하지만 나름대로 일리가 있다면서 의견을 존중해줬다. 그리고 동시에 아들에게도 자기 이야기를 잘 들어달라고 했다. 두 사람이 서로 동의하는 경우는 적었지만 이런 토론을 함으로써 아이는 자신의 관점에 대해 계속 생각하게 되

아무리 어린 자녀의 생각이라도 스칸디 부모들은
일단 존중한다. 조언을 해주되 틀렸다고 말하지 않는다.
설사 틀렸다 해도 크게 어긋나지 않는 한
경험을 통해 배우는 것도 중요하기 때문이다.

었다. 또 자신의 관점을 발전시키고 문제를 더 깊이 파고들기 위해 관련된 책을 읽기도 했다. 단지 부모와 생각이 다르다는 사실을 확인하는 데 그치지 않고 자신의 정치적인 사고에 대해 더 깊이 연구하기 시작한 것이다. 그 후로 호칸의 부모는 호칸과 정치에 대해 이야기할 때마다 호칸의 사고와 지식이 날로 깊어지는 것에 놀랐다.

한국에서는 부모와 정치 이야기를 하는 것이 무척 어렵다고들 한다. 부모의 말에 이의를 제기할라치면 "네가 뭘 안다고 그래?"라고 윽박지르기 일쑤이고 집안 분위기는 금세 얼어붙는다. 그러나 여기 부모들은 아이들과 정치나 사회현상에 대해 이야기하는 것을 피하지 않고 진지하게 토론을 벌인다. 그래서 아이들은 학교에서뿐 아니라 집에서도 자신의 의견을 논리적으로 피력하고 상대를 설득하는 연습을 할 수 있는 것이다.

스웨덴의 거의 모든 중학교는 매년 또는 적어도 의회 선거가 있는 해에는 학교 내에서 모의선거를 실시한다. 각 당을 대표하는 학생들이 선거 유세를 하면 유권자는 각자가 지지하는 후보에게 투표를 하는 방식이다. 이 또한 어릴 때부터 자기 의사 표현과 논리의 중요성을 체험하고, 정치가 우리 삶에 가까이 있음을 느끼게 하기 위한 것이다.

스웨덴 아이들의 자신감은
어디서 나오나?

(남편의 이야기) 2008년 여름이었다. 당시 고등학교 2학년이던 둘째 아들 해인이, 중학교 3학년이던 막내딸 정인이와 함께 한국 여행을 했다. 첫째 아들 태인이는 충남 공주에서 한국어 연수를 받느라 우리와 함께하지 못했다. 우리는 서울에서 부산까지 여행을 다니며 내 친구들과 교육계 인사들을 줄줄이 만났다. 공식적인 강연이나 회의 등에는 아이들이 참석하지 못했지만 식사 시간에는 나의 손님들과 자리를 같이했다.

하루는 부산 교육청에서 강연을 했는데 강연이 끝난 뒤 부산 교육감이 우리 가족을 초대했다. 함께 식사를 하던 중 해인이가 갑자기 영어로 "교육감은 무슨 일을 하나요?"라고 물었다. 교육감은 아이의 질문에 좀 당황한 듯했지만 성심성의껏 대답해주었다. 그랬더니 해인이가 이번에는 함께 있던 교육감의 부인에게도 무슨 일을 하는지 물었다. 부인은 초등학교 교장 선생님이라고 대답했다. 그러자 해인이는 "우리 부모님과 하시는 일은 비슷한데 지위가 좀 더 높으시네요"라고 말했다. 마치 어른처럼 상대방이 무슨 일을 하는지 묻고 자기 나름의 의견까지 말하는 해인이를 보며 우리 모두 웃고 말았다.

내가 어릴 때를 생각해보았다. 해인이처럼 어른들이 대화하는데 끼어들었다가는 "어른들 말씀하시는 데 끼어드는 게 아니다"라고 따끔하게 혼났을 것이다. 어른들 앞에서는 말을 줄이고 뭘 물으면 무조건 "예" 하고 수긍하는 것이 예의라고 배웠으니 말이다. 아직도 한국에선 많은 아이들이 이런 불문율을 따르며 자라고 있지는 않은지 걱정이다.

스웨덴뿐 아니라 국제사회에서 활동하려면 자신의 의견을 명확하게 표현할 수 있는 능력이 무엇보다 중요하다. 그런데 주입식 교육을 받고 자기표현을 억누르며 자라는 한국 학생들은 다른 사람을 대할 때 움츠러드는 경우가 많다. 더군다나 사회적으로 지위가 높은 사람을 만나면 고개도 들지 못하고, 묻는 말에 기어들어가는 목소리로 간신히 대답하기 일쑤다. 반면 스웨덴 아이들은 아무리 지위가 높은 사람을 만나도 주눅 들지 않고 자연스럽게 대화하는 것을 많이 볼 수 있다.

우리 아이들을 만나 식사를 하며 얘기를 나누어본 지인들은 아이들에 대해 이구동성으로 두 가지를 말했다. 당당하고 예의가 바르며 밝다는 것, 그리고 영어를 잘한다는 것이었다. 영어는 그렇다 쳐도 우리 아이들이 당당하고 예의가 바르며 밝다는 말에 우리는 놀랐다. 하도 스스럼없이 어른들을 대해서 한국 사람의 시각에서는 오히려 건방져 보이지 않을까 걱정스러운 때도 있었는데, 평가는 그 반대였다.

지인들은 어떻게 교육했기에 아이들이 이토록 자신감 있게 행동할 수 있느냐고 물었지만, 그건 오히려 우리가 묻고 싶은 말이었다. 우리 부부는 어른들을 만날 때 어떻게 하라고 가르친 기억이 없다. 집에서는 그야말로 자유분방하게 생활했기 때문이다. 아이들 방은 발 디딜 틈 없이 옷들로 어질러져 있고 빨랫감이 널브러져 있는 등 말을 잘 안 들어서 짜증 나는 일도 한두 번이 아니었다.

물론 아이들이 부모가 아닌 다른 어른들을 만나면 어느 정도 태도가 바뀌긴 한다. 그런데 아이들을 유심히 관찰해보니 아이들에게 자신감이 있어 보이는 이유를 알 수 있었다. 아이들은 지위가 높은 사람들을 만나도 상대방의 눈을 쳐다보면서 이야기했다. 먼저 질문을 하기도 하면서 대화를 이끄는 경우도 많았다. 그리고 누구를 만나도 당당한 태도를 잃지 않으며 환하게 웃었다.

스웨덴 학교에서도 특별히 그런 예절을 가르치지는 않는다. 한국의 도덕이나 윤리 같은 과목도 없다. 아마도 아이들을 가르친 건 스웨덴의 문화 그 자체였을 것이다. 아이들의 의견을 묻고 존중하며 언제든지 자신의 생각을 말할 수 있는 문화 덕분일 것이다. 자유로운 의사 표현이 가능한 생활과 어른들과의 관계 속에서 배운 게 틀림없다. 어른 앞에서는 무조건 눈을 내리깔고 묵묵히 있거나 기분 나쁜 일이라도 있는 것처럼 얼굴 근육이 굳는다면 그것이 오히려 예의가 아닌 무례에 가깝지 않을까.

나는 우리 아이들을 보며, 국제학업성취도평가(PISA)에서 핀란드 학생들과 세계 1, 2위를 겨루면서도 자신감은 부족한 한국 학생들과, 공부는 중간이지만 자신감은 일등인 스웨덴 학생들의 차이를 느꼈다. 이는 공부하느라 스트레스를 풀 여유도 없이 생활하는 한국 학생들과 다양한 활동을 하며 순간순간의 삶을 즐기는 스웨덴 학생들의 차이이기도 할 것이다.

틀 안에 넣지 않고
스스로 틀을
만들게 하는 교육

까만 사과를
그렸다고?

(남편의 이야기) 외국에서 아이를 낳고 키우면서 아이에게 한국어를 가르치는 일은 쉽지 않다. 특히 엄마가 외국인인 경우에는 더욱 그렇다. 큰아이가 말을 배우기 시작할 때까지 나는 나름대로 아이와 한국말로 소통하려고 노력했다. 그런데 아이가 말을 하게 되고 스웨덴 말을 배우기 시작하자 한국말을 가르치기가 더욱 어려워졌다.

아내는 1년 반 이상 출산휴가를 받아 매일 아이와 같이 있으면서 모국어를 썼지만 내가 아이와 같이 있는 시간은 고작해야 저녁에 몇 시간 정도였다. 아이는 점점 한국말을 못 알아들었다. 내가 한국말로 얘기하면 이해를 못해서 의기소침해지거나 짜증을 내기도 했다. 나도 참을성이 부족해 스웨덴어와 한국어를 섞어 쓰다가 결국 스웨덴어로만 소통하게 되었다.

아내는 그럴수록 한국말을 계속해야 한다고 채근했다. 나도 어떻게든 한국어를 가르쳐야겠다고 생각했다. 그래서 아이가 대여섯 살쯤 됐을 때 한국 교민들이 세운 '토요학교'에 보냈다. 토요학교는 토요일 오전에 한국어를 가르치는 학교였다. 주로 한국인 2세 아이들과 한국인 배우자를 둔 스웨덴 사람들이 다녔다.

나는 토요일마다 아이를 스톡홀름 시내에 있는 토요학교에 데려갔다. 그때마다 아내 혼자서 집 안 청소를 해야 한다는 것이 마음에 걸렸지만 내 아이에게 한국어를 가르치겠다는 희망으로 그 학교에 열심히 보냈다. 아이가 수업을 듣는 동안 나는 교실 밖에 앉아 기다렸다가 아이를 다시 집으로 데려오곤 했다.

그러던 어느 날, 빠끔히 열린 문 사이로 교실 안을 들여다볼 기회가 있었다. 그런데 아이가 맨 뒤에서 창밖을 내다보며 서 있는 게 아닌가. 수업이 끝나고 교실을 나오는 선생님에게 어찌 된 영문인지 물었다. 그런데 선생님도 이유를 모른다면서, 아이는 한국말을 잘 못하고 선생님은 스웨덴 말을 잘 못해서 의사소통이 어렵다는 이야기만 했다.

집으로 오는 길에 나는 아이에게 왜 그렇게 혼자 서서 창밖을 내다보고 있었느냐고 물었다. 아이는 풀이 죽은 채 고개를 떨구었다.

나한테 혼날까봐 걱정이 되는지 조심스레 대답했다.

"선생님이 사과를 그리고 색칠하라고 해서 그렇게 했는데, 잘못 그렸다고 하잖아요. 그래서 화가 나서 그랬어요."

"사과를 어떻게 그리고 색칠했는데?"

아이는 사과를 까만색으로 칠했다고 했다. 그랬더니 선생님이 빨간색이나 초록색으로 다시 칠하라고 했다는 것이다. 또 아이의 사과 그림이 사과인지 배인지 구분이 안 간다고도 했단다.

아이의 얘기를 듣자마자 나는 "토요학교는 오늘로 마지막이야"라고 말했다. 아이는 정말이냐고 되물으면서 기뻐했다. 토요학교에 몹시도 가기 싫었던 모양이다.

아이의 얘기를 듣고 나는 내가 어릴 때 받은 한국의 교육을 떠올렸다. 모든 것에 정답이 있고 그것에서 벗어나면 틀렸다고 다그치는 교육. 까만색 사과는 있을 수 없다는 교육. 배같이 생긴 사과는 엉터리라는 교육. 그런 교육으로 인해 닫혀버린 사고를 열기까지, 스웨덴이라는 낯선 땅에서 나는 오랜 시간 스스로에게 도전해야 했다. 그런데 내 아이에게마저 그런 교육을 받게 할 수는 없었다. 한국어를 가르치겠다는 욕심에 창의력을 잘라내느니, 당장은 한국어를 가르치지 못해도 창의력을 살리는 게 훨씬 중요하다고 확신했다.

언젠가 '한국의 에디슨' 황성재 씨의 이야기를 흥미롭게 읽은 적이 있다. 고3 때까지 양갓집 도련님처럼 양과 가만 수두룩한 성적표를 받았지만 130여 건의 국내외 특허를 출원하고, 8억 원의 기술 로열티를 받는 발명왕이다. 32명 중의 32등, 말썽꾸러기 꼴찌였던 황성재 씨는 자신이 하고 싶은 일엔 집중력을 발휘하지만, 주입식 암기 공부는 너무 지루했다고 한다. 그는 어린 시절에 그림을 그릴 때 친구의 얼굴을 까맣게 색칠하고, 설명서를 보지 않고 글라이더를 조립해 망치는 일이 많았다. 하지만 그의 어머니는 엉뚱하기 그지없는 어린 아들을 항상 인정하고 지지해주었다.

그는 다양한 경험을 쌓을 수 있도록 도와줬던 교육 환경 속에서 세상 모든 것들에 흥미를 느낄 수 있었다. 그가 21세기형 창의적 인재가 될 수 있었던 건 자신만의 시각을 가질 수 있도록 기다려주고, 그런 경험을 통해 세상 하나하나에 관심을 갖게 만든 어머니 덕분이었다. 틀 안에 들어가지 말고 스스로 틀을 만들라는 어머니의 가르침이 발명왕 황성재를 만든 것이다.

나 역시 내 아이를 남의 틀에 가둘 마음이 없었다. 정말 그다음 주부터 아이를 토요학교에 보내지 않았다. 우리는 아침 늦게까지 침대에서 뒹굴며 장난치고 함께 청소도 했다. 물론 아이들에게 어릴 때는 한국어를 가르쳐주지 못했다. 언젠가 아이들이 크면 내가 스웨덴어를 배운 것처럼 한국어를 배우면 될 거라고 생각했다. 그리고 그렇게 됐다. 까만 사과를 그렸던 큰아이는 한국에서 대학을 졸업하고 회사에 다닌다. 둘째와 막내도 한국에서 1년 동안 한국어 연수를 받았다.

언어는 어른이 되어서도 배울 수 있지만 창의력은 어릴 때 잘라 버리면 다시 싹을 틔우기 어렵다. 그리고 무엇보다 아이들이 행복하게 자라는 것이 중요하다. 물론 어릴 때 언어를 배우면 유리한 것은 사실이다. 그래서 한국의 부모들이 영어 조기교육에 그토록 열을 쏟는 것일 테다. 하지만 창의력을 배제한 채 주입만 하는 영어교육이 아이들에게 과연 무슨 도움이 될까?

요즘 같은 세계화 시대에 아이를 '이중 언어 사용자(bilingual)'로 키우는 것은 물론 아이에게 유용한 능력을 선물하는 일이다. 하지만 창의력이나 상상력은 그보다 더 중요한 경쟁력이다. 아무리 돈을 들이고 유난을 떨어도 쉽게 키울 수 없는 능력이다.

스웨덴 아이들은
왜 영어를 잘할까?

 (남편의 이야기) 스웨덴에는 조기교육이란 게 없다. 부모들도 아이에게 억지로 영어를 가르치지 않는다. 선행 학습이나 영어 학원도 없다. 그래도 스웨덴 학생들은 영어를 잘한다. 몇 년 전 유럽에서 영어권 외 7~8개국의 학생들을 대상으로 실시한 영어 학력 테스트에서 스웨덴 학생들이 최고 성적을 거두었다. 이런 자료를 보지 않더라도 스웨덴 사람들이 영어를 잘한다는 것은 직접 부딪쳐보면 충분히 느낄 수 있다. 심지어 공부와는 거리가 멀다 싶은 직업군이나 나이가 많은 사람들도 영어 소통에 별문제가 없다. 나 역시 영어 때문에 온갖 고생을 한 한국 사람으로서 그 비결이

항상 궁금했다. 그런데 아이들을 키우면서 어느 정도는 이해가 되었다.

우선 스웨덴어는 어원과 언어 체계 면에서 영어와 같은 계통에 속하는 게르만어족이다. 그런데 마찬가지로 유사한 어원을 가진 덴마크나 노르웨이는 물론 독일의 아이들보다 스웨덴 아이들이 영어를 잘하는 것은 어떻게 설명할 수 있을까?

우선 학교교육이 한몫을 한다. 한국처럼 문법에 치우치는 게 아니라 소통을 중심으로 영어를 가르친다. 발표도 토론도 작문도 영어로 한다. 다양한 체험을 통해 영어회화 수업을 진행한다. 영어가 목적이 아니라 창의력을 키우는 예술 활동을 하면서 영어는 덤으로 얻는다. 언어는 도구일 뿐이다. 그러니 문법 학습도 자연스럽게 해결된다.

또 하나의 비결은 생활 속에서 놀며 체험하며 자연스럽게 영어를 습득한다는 점이다. 스웨덴의 방송은 영어권 프로그램을 더빙하지 않고 자막 방송을 하기 때문에 영어에 노출되는 시간이 많다. 어린 시절부터 영어로 듣고 스웨덴어로 읽는 게 몸에 배는 것이다.

영어로 된 책, 영미권의 원서도 많이 읽는다. 우리 아이들도 어려서부터 영어로 된 책을 습관적으로 읽었다. 한번은 중학교 2학년이었던 둘째 아이가 『해리 포터』 영어판을 하루 종일 눈을 떼지 못하고 읽고 있었다. 하도 몰입해 읽기에 내가 "너 지금 무슨 언어로 읽고 있니?"라고 물었더니 아이의 대답은 "그런 건 한 번도 생각해

보지 않았는데요"였다. 우리 아이가 특별해서 그런 것이 아니라 아이의 친구들이 집에 놀러 와도 영어로 된 책을 읽는 것을 흔히 볼 수 있다. 영어권 국가들과 문화가 비슷한 데다 영어로 된 책을 많이 읽으니 영어가 어느 정도는 모국어처럼 친근하게 느껴지는 모양이었다.

이처럼 스웨덴에서는 영어 유치원이니 영어 연수니 하는 값비싼 교육을 시키지 않아도 아이들은 다양한 활동을 통해 충분히 영어를 배울 수 있다. 영어는 물론 창의력이나 학습 능력을 키우는 데는 사실 많은 것이 필요하지 않다. 한국에서처럼 집에 가정교사가 오거나 학습지를 받아 보지 않아도 스웨덴 아이들이 뛰어난 창의력과 학습 능력을 발휘할 수 있는 비결, 그 중심에는 바로 독서하는 습관이 있다.

'잠자리 독서'로
책 읽는 습관을 들인다

해가 일찍 지는 북유럽에서는 저녁 시간을 가족끼리 보내는 것이 일상적이다. 그래서 저녁식사를 하고 나면 책을 읽는 일이 많다. 아이들이 잠자리에 들 때까지 침대 곁에서 부모가 책을 읽어주는 '잠자리 독서'는 대부분의 스웨덴 가정에서 일상적으로 행하는 전통이다.

아이가 글자를 모를 때 부모가 직접 소리 내어 책을 읽어주면 아이와의 유대감 형성에 도움이 된다. 그래서 아이 혼자 책을 읽을 수 있게 되어도 잠자리에 들 때는 부모가 읽어주는 경우가 많다. 또 자기 전에 책을 읽어주면 아이가 쉽게 잠들 수 있고 상상력과 창의력도 길러줄 수 있다. 그뿐만 아니라 책읽기에 대한 호기심이 생기고 습관이 되어 독서 능력이 발달한다. 꼭 밤이 아니어도 스칸디 부모들은 언제 어디서나 책을 꺼내 읽어주곤 한다.

아이들이 어릴 때는 그림책을 읽어주거나 아이가 그림을 보고 단어를 말하게 하는 것부터 시작한다. 그러다가 단어만 있는 책, 짧은 문장이 있는 책으로 수준을 높이고, 아이가 완전히 글을 읽을 수 있게 되면 글만 있는 책을 읽게 한다.

일찍 글자를 가르치거나 선행 학습을 하는 일이 없는 스칸디 부모들은 책을 통해 아이에게 자연스럽게 글을 가르친다. 스웨덴에는 어려운 책을 쉬운 단어로 풀어 써놓아 어린아이들도 읽을 수 있는, 소위 '쉽게 읽을 수 있는 책(latt lasa)'이 많다. 아이들이 스스로 글을 깨우치고 나면 그런 책들을 도서관에서 빌려 와 읽기 시작한다. 별다른 교육을 하지 않아도 책을 읽고 그 내용과 교훈 등에 대해 이야기하면서 자신의 의견을 말하는 법도 배운다. 7세 이전에는 글을 가르치지 않는데도 북유럽 아이들의 사고력이 뛰어난 데는 이런 비결이 숨어 있다.

우리 부부는 큰아이 태인이가 태어났을 때 무엇보다 책을 많이 사줬다. 태인이도 책 읽는 것을 좋아해서 무척 많이 읽었다. 또 남편은 아이들이 책을 읽으면 책 제목을 적어두고 얼마나 두꺼운 책을 읽었는지 그 페이지 수도 기록했다. 연말에 그 기록을 종합해보니 1년 동안 수백 권, 수만 페이지를 읽었다. 매일 저녁 책을 읽었고 하루에 두세 권의 책을 읽은 적도 있었다. 책의 종류도 다양했다. 1800년대에 출간된, 야전 의사의 기록을 담은 책도 있었다. 태인이뿐만 아니라 주변의 스웨덴 아이들을 보면, 또 한국의 많은 아이들을 보면 독서량이 학업 성취도와 비례한다는 사실을 확인할 수 있다. 둘째 아이와 막내가 태어났을 때도 책을 많이 사줬는데 이 아이들의 독서 습관이나 독서량은 큰아이와는 달랐다.

아이마다 자신이 읽은 책 목록을 작성하고 연말이 되면 아이들과 함께 살펴봤다. "올해에는 이렇게나 많이 읽었구나" 하고 칭찬해주고 "이 책은 참 재미있었지" 하는 식으로 다시 떠올리며 이야기했다. 어려운 책이나 영어로 된 책은 제목 옆에 큰 별을 그려 넣어서 별을 몇 개나 받았는지 세기도 했다.

이렇게 읽은 책을 기록하고 격려하는 일이 어떤 아이에게는 동기 부여가 되어 효과가 좋았다. 하지만 부담을 느끼는 아이도 있었다. 형제간에 경쟁심을 조장할 수도 있다는 것을 깨달은 후부터는 적게 읽은 아이에게 열등감을 주지 않도록 조심했다.

여러 번 강조하지만 아무리 좋은 방식이라도 모든 아이에게 맞을 수는 없다. 부모는 최선의 환경을 만들어줄 뿐, 책을 얼마나 읽느냐는 전적으로 아이의 선택이다. 책을 무조건 많이 읽는다고 해서 훌륭하게 크리라는 법도 없다. 한 권을 읽어도 더 많이 흡수하고 배우는 아이도 있다. 다만 어릴 때부터 책에 흥미를 갖게 해주는 일은 무척 중요하다.

이곳 부모들은 주말이면 아이의 손을 잡고 도서관에 가는 경우가 많다. 도서관 가는 길에 책에 대해 이야기하면서 서로 교감하고, 그곳에서 아이가 읽고 싶은 책을 직접 고르게 한다. 아이들이 계속 책에 관심을 갖고 책을 읽게 하기 위해, 도서관에 가서 그 나이에 맞는 책을 빌려다 주는 것을 아주 중요한 일과 중 하나로 여긴다.

크게 돈이 드는 일도 아니니 따라 해보면 어떨까? 아이와 산책 삼아 도서관에 가고 책을 직접 고르게 하자. 함께 책을 읽고 집으로 돌아오는 길에는 읽은 책에 대해 이야기를 나누자. 책을 함께 읽으면 아이가 자라 말문이 슬슬 닫히는 사춘기가 되어도 영원한 공통의 관심사를 나눌 수 있다. 아이와 절로 대화하게 된다. 그러기 위해서는 부모도 책을 읽어야 한다.

스칸디 부모는
아이보다 먼저 책을 펼친다

스웨덴 가정에서 가장 눈여겨볼 점은 부모들 스스로 책을 많이 읽는다는 것이다. 특히 스웨덴 사람들은 책을 많이 읽기로 유명하다. 스웨덴의 1인당 도서 구입량은 다른 유럽 국가들보다 훨씬 많다. 지역마다 도서관이 있고 직접 찾아가 책을 대여해주는 '책 버스'와 '책 보트'도 운영된다. 또 사람들이 자발적으로 모여 책을 읽고 이야기를 나누는 독서 모임도 많다.

부모는 책을 읽지 않으면서 아이들에게만 책을 읽으라고 잔소리를 하는 것은 전혀 도움이 되지 않을뿐더러 역효과만 불러온다. 아이들도 다 안다. '엄마(아빠)는 맨날 텔레비전만 보면서……'라고 생각하고 반발심을 가질 수도 있다.

어른이든 아이든 하루 일과를 책과 함께 마무리하는 것은 아주 좋은 습관이다. 많은 스웨덴 부모들이 저녁 식사를 마치고 아이에게 책을 읽어준다. 아이가 스스로 읽을 수 있는 나이가 되면 거실에서 자기 책을 펼쳐 읽는다. 부모가 책을 읽고 있으니 아이들도 자연히 따라서 책을 펼친다. 아침마다 신문을 읽는 것도 마찬가지다. 부모가 신문 읽는 것을 본 아이들은 자연스레 시사 문제에도 관심을 갖는다.

최근 스웨덴에서도 국민의 독서량이 줄어들고 있다는 보고가 여기저기서 나온다. 인터넷이나 스마트폰, 컴퓨터게임의 발달 때문일 것이다. 그럼에도 불구하고 다른 나라 아이들에 비해서는 여전히 훨씬 많은 책을 읽을 것이라고 확신한다.

그런데 더 놀라운 것은, 스웨덴 아이들이 책이 재미있어서 읽는다는 사실이다. 어느 누구도 책 읽는 것을 그리 강요하지 않는다. 어려서부터 가정에서 책을 접하고 독서가 일상에 녹아들어 생활화되어 있기 때문에 아이들은 책을 '읽어야 해서' 읽는 것이 아니라 호기심으로 읽는다.

책을 읽어주면 아이들이 여러 가지 질문을 하지 않는가? 그렇게 호기심을 자극하는 것이 독서의 중요한 역할이다. 스웨덴 부모들은 아이들이 책에 흥미를 가지고 스스로 읽을 수 있도록 여러모로 고민하고 노력한다.

가정에서뿐 아니라 학교에서도 책을 많이 읽게 한다. 독서가 교육 과정에 포함되어 있어 학년별로 꼭 읽어야 하는 책들이 있다. 노벨상의 본거지일 뿐 아니라 노벨문학상 수상자를 8명이나 배출한 나라, 스웨덴의 저력은 이런 교육 방식과 활발한 독서 문화 덕분일 것이다.

많은 부모들이 아이를 키우면서 '나는 좋은 부모가 아닌지도 모른다'는 불안과 맞
닥뜨린다. 육아가 힘든 이유의 절반은 바로 이런 불안 때문이다. 아이를 키운다는
건 부모와 자녀가 속도를 맞춰 나란히 걸어가야 하는 긴 여정이다. 좋은 부모 매뉴
얼이 따로 있는 게 아니다. 자녀에게 최고의 교육은 부모 자신의 행복한 마음과 여
유임을 잊지 말아야 한다.

3부

◇◇◇◇◇◇◇

행복한 부모,
자존감 높은 아이

Chapter

11

스칸디 부모는
서두르지 않는다

가족은 가장 소중한 친구,
자연은 가장 훌륭한 놀이터

남편이 학위를 마치고 스톡홀름 대학에서 강의교수와 연구원으로 재직할 때였다. 스톡홀름 시내에 살던 우리 가족은 근교로 이사를 가기로 결정했다. 당시 일곱 살, 다섯 살, 세 살이었던 우리 아이들이 시멘트로 둘러싸인 잿빛 도시에서 벗어나 살기를 바랐기 때문이다.

성장기의 아이들은 자기 나이에 맞는 적절한 휴식과 놀이가 필요하다. 특히 부모와 함께 휴식하고 노는 것은 교감을 이끌어내는 데 중요한 매개 역할을 한다. 그래서 여기 부모는 아이들이 무슨 놀이를 하든 함께하는 경우가 많다. 평일 저녁에도 퇴근한 부모들 이 아이들과 함께 저녁식사를 하고 동네에서 승마를 즐기는 모습을 흔히 볼 수 있다. 스칸디 부모에게 아이와 함께하는 산책은 필수다. 눈비가 와도 아랑곳하지 않고 아기를 유모차에 태워 나가고 날씨가 좋을 때는 햇빛 한 줌이라도 놓칠세라 마음껏 햇볕을 쬐게 한다. 집 안에서는 밉상처럼 굴며 부모와 갈등을 일으키던 아이들도 밖으로 나가면 언제 그랬냐는 듯 한껏 밝아진다. 그만큼 환경은 중요하다. 환경을 바꿔 자연을 느끼고, 뭔가를 같이 하며 아이들과 교감하는 것이 무엇보다 중요하다.

이런 점을 잘 알고 있던 우리 부부는 지금이 생활환경에 변화를 줄 적기라고 판단했다. 그래서 근교의 집을 보러 다녔는데, 어느 날 숲속에 자리한 붉은 집 한 채를 보고 남편은 그만 한눈에 반해버렸다. 80그루가 넘는 소나무와 몇 그루의 자작나무들과 그 사이로 솟아 있는 바위들에서 눈을 떼지 못했다. 그 숲에서 뛰노는 아이들과 소나무들 사잇길로 출퇴근하는 하루하루가 그려졌다. 그렇게 그 집은 우리 집이 되었다.

이사를 한 것은 옳은 결정이었다. 덕분에 우리 아이들은 자연 속에서 건강하고 활동적인 오락을 즐기며 자랐다. 우리 집이 있는 마을은 시내와 30~40분 거리에 있으면서도 오롯이 전원생활을 누릴 수 있다. 말을 맡아 돌봐주는 마장이 두 곳에다 큰 골프장까지 있어서 승마와 골프를 같이 즐길 수 있다. 또 겨울이면 눈 덮인 골프장에서 스키도 탈 수 있다. 숲에는 블루베리나 식용버섯 같은 것들이

스칸디 부모들은 공부와 놀이를 엄격하게 구분하지 않는다.
공부도 놀이처럼 하고, 놀이도 공부라고 생각한다.
놀이를 통해 아이들은 몸만 자라는 것이 아니라,
할 수 있다는 자신감을 배운다.

우리 집 뒤에는 소나무 세 그루가 정삼각형을 이루며 서 있는데,
나는 그 세 그루의 소나무를 연결해 2층짜리 오두막을 지었다.
아이들은 부모보다 더 기뻐했다.

많아 가을에는 바구니를 들고 숲에서 몇 시간씩 보내곤 했다. 우리 집 뒤에는 소나무 세 그루가 정삼각형을 이루며 서 있는데, 남편은 아이들과 함께 그 세 그루의 소나무를 연결해 2층짜리 오두막을 지었다. 아이들은 부모보다 더 기뻐했다. 아빠가 손수 만든 오두막을 오르내리고, 그 안에서 간식을 먹고 잠을 자기도 했다.

여름에는 자전거를 타고 인근 호수에 가서 수영을 하거나 차를 타고 좀 더 멀리 나가 바다 수영을 하며 가족 소풍을 즐겼다. 비가 오면 시내에 있는 박물관에 들르거나 쇼핑을 하기도 했다. 여름 내내 비가 많이 오면 일주일 정도는 꼭 햇빛이 많은 남쪽 나라로 여행을 떠났다.

가끔 이런 상상을 해본다. 우리 아이들이 한국에서 자랐다면 어땠을까? 매일 학원에 앉아 있거나 방 안에서 게임만 하고 있진 않았을까? 물론 한국에서 승마와 골프를 해야 한다는 말이 아니다. 숲속에 들어가 살라는 뜻도 아니다. 다만 주말이라도 시간을 내서 가까운 공원을 산책하고, 아빠와 아이가 공을 주고받으며 몸을 움직여보면 어떨까. 스칸디 부모들은 어디에 살든 아이들이 자연 속에서 활동하는 것을 무척 중요하게 생각한다.

스칸디 부모처럼 자연을 사랑하는 법, 단순하지만 행복하게 사는 법을 아이에게 가르치자. 아이는 자연과 더불어 성장한다.

충분히 놀아야
단단한 어른으로 자란다

아이들이 어렸을 때 우리 부부가 가장 많이 사준 것은 레고다. 다른 장난감을 사주는 데는 인색했지만 레고만큼은 아이들 나이에 맞게 그때그때 참 많이도 사주었다. 레고는 연령에 따라 블록의 크기는 작아지고 만드는 과정은 더 복잡해지는데, 누구나 함께 가지고 놀 수 있다는 것이 가장 큰 장점이다. 우리는 아이들과 레고를 가지고 성도 쌓고 집도 짓고 헬기도 만들며 많은 시간을 함께 보냈다.

단순한 블록을 쌓아 만드는 3차원의 세계, 상상력을 자극하는 전설의 장난감, 레고는 90년대 비디오게임의 도전에도 거뜬히 살

아남은 최고의 장난감이다. 전 세계 아이들의 사랑을 받는 장난감이지만, 덴마크에서 태어난 만큼 스웨덴을 비롯한 북유럽에서는 장난감을 넘어 아이들에게 없어서는 안 되는 필수품에 가깝다.

레고(Lego)는 덴마크어로 '잘 논다(leg godt)'라는 말을 줄여 붙인 이름이다. 책상 앞에 앉아 교과서를 외우기보다 '잘 놀아야 잘 큰다'는 스칸디 부모의 철학을 말해주는 것 같다. 아이들에게 놀고 휴식할 수 있는 시간과 환경을 충분히 제공해주는 것을 이곳 부모들은 무엇보다 중요하게 생각한다. 아이들의 놀이에 필요한 것은 쉽게 접근할 수 있는 안전한 공간이다. 주위를 탐구할 수 있고, 신체적으로 많이 움직이고, 뭔가 만들고 부수고 제 생각대로 바꿔볼 수 있는 그런 곳이라면 더할 나위 없다.

한국에서 '놀이는 남는 시간에나 허용되는 일종의 사치'라고 생각하는 경향이 강한 것 같다. 그러나 아이들에게 놀이는 성장과 발달을 위해 필수적이다. 놀 기회를 박탈당한 아이들은 개인적으로도, 사회적으로도 부족한 아이가 되기 쉽다. 놀이는 중고등학생에게도 필요하다. 민감한 사춘기인 데다 학업 스트레스가 심한 이 시기에 스트레스를 해소하고 활력을 재충전하기 위한 방법으로 놀이만 한 것도 없다.

스칸디 부모들은 한국의 여느 부모들과 달리 공부와 놀이를 엄격하게 구분하지 않는다. 공부도 놀이처럼 하고, 놀이도 공부라고 생각한다. 놀이를 통해 아이들은 몸만 자라는 것이 아니라, 할 수

'나는 어떤 부모가 되고 싶은가?'보다
'내 아이는 어떤 부모를 원하는가?'에 초점을 맞추면
문제는 의외로 쉽게 해결된다.

있다는 자신감을 배우고 새로운 도전을 받아들여 정서적으로도 발전한다. 혼자 하는 놀이든 그룹으로 하는 놀이든, 놀이는 아이들의 창의력과 탐구심을 발달시킨다. 정신 건강에도 크게 기여한다. 어른들의 간섭이나 통제가 없는 자유로운 놀이를 통해 아이들은 협상 능력, 남에 대한 배려, 통제력과 같은 사회적인 역량을 배운다.

　한국의 부모들은 아이가 놀면 불안해하는 것 같다. 다른 아이들보다 뒤처질까봐, 모자랄까봐 걱정하는 것처럼 보인다. 하지만 놀이는 나쁜 것이 아니다. 어떻게 노느냐가 중요할 뿐이다. 적당한 놀이 시간을 지키되 자유롭고 편안하게 노는 것이 잘 노는 것이다. 남자아이, 여자아이 구분 없이 평등하게 놀고 놀이를 통해 아이의 가능성과 창의력을 키우는 것이 잘 노는 것이다. 아이가 잘 자고 잘 먹고 열심히 공부하는 것처럼, 잘 노는 것도 성장에 중요한 요소라는 것을 잊어서는 안 된다.

부모에게도
휴식이 필요하다

어린 시절부터 자연 속에서 뛰어놀며 자라는 스웨덴 아이들은 어른이 되어서도 야외 활동을 즐기고 자연 속에서 생활한다. 직장인들도 점심시간이면 삼삼오오 무리를 지어 뒷산을 산책하기도 하고, 풀 한 포기, 나무 한 그루, 바람 한 줄기하고도 어울리려고 한다.

우리 역시 그랬다. 스웨덴에 살면서 공부나 일만 하는 것이 아니라 신체적인 활동도 해가며 삶의 균형을 이루려고 노력했다. 남편은 월요일 저녁엔 동네 친구들과 지역 초등학교 실내 체육관에서 실내 하키를 하며 땀을 뺐다. 일요일 오후에는 숲속에서 조깅을 했다. 책상 앞에 죽치고 앉아만 있는 것이 아니라 자연과 호흡하며 신체적인 활동이 주는 기쁨을 만끽했다. 그리고 아이들도 그런 즐거움을 알면 정신적으로 더 풍요롭고 충만한 삶을 살 수 있을 거라고 믿는다.

우리 가족이 살던 스톡홀름 근교 마을은 소박한 행복을 추구하는 스웨덴의 생활 방식을 보여주는 축소판 같은 곳이다. 마을 입구에는 팔각정 같은 정자가 하나 있었는데 매주 금요일 오후 4시 반이면 사람들이 그곳에 모여들기 시작했다. 정년퇴직한 어르신들은 맥주 몇 캔을 주머니에 넣어 가지고 나와 퇴근하는 남자들을 불러 세웠다. 겨울이면 장작불을 지펴놓고 둘러앉아 이야기를 나눴고, 여름에는 잔디밭에 있는 오래된 벤치에 나란히 앉아 맥주를 마셨다.

남편의 퇴근 시간은 언제나 다른 사람들보다 조금 늦었다. 남편이 자전거를 타고 퇴근하면 이미 모여 있던 이웃 사람들은 '자전거 탄 박사'가 온다며 맥주를 권했다. 다들 목수, 배관공, 자동차 정비공, 전기공, 세탁기 수리공이거나 컴퓨터 소프트웨어 전문가들이었다. 생활에 필요한 기술자들이 다 모인 셈이었다. 그들 중에서 남편 혼자만 박사였고 '먹물'이었다. 가끔 "준(스웨덴에서는 성이나 직책이 아닌 이름을 부른다)은 뭘 도와줄 수 있냐?"고 물어오면, 남편은 "논문 쓰는 건 도와줄 수 있다"고 농담을 하곤 했다. 퇴근길에 단비를 맞듯 누리는 이웃들과의 어울림은 우리 삶을 더 여유 있고 풍요롭게 해주었다.

소박하고 실용적인
삶의 가치

(남편의 이야기) 세계적인 기업이 된 스웨덴의 가구 브랜드 '이케아(IKEA)'는 한국에서도 인기다. 이케아의 인기 비결은 저렴한 가격과 밝고 세련된 디자인 등 여러 가지가 있지만, '불편함을 판다'는 철학으로 소비자가 직접 조립해 만드는 가구의 콘셉트가 특히 인상적이다.

그런데 이런 콘셉트의 가구가 스웨덴에서 탄생한 것이 우연이 아니다. 가족 중심적이고 휴일에는 자연과 함께하며 활동적인 오락을 즐기는 스웨덴 사람들에게는 스스로 뭔가를 뚝딱뚝딱 만드는 것이 일상이기 때문이다. 주말이면 정원에서 아버지가 나무로 뭔가를 만드는 모습을 이 집 저 집에서 볼 수 있다. 땅은 넓고 인구는 적은 데다 사계절 대부분이 을씨년스럽기 때문에 스칸디나비아 사람들에게 집은 무척 큰 의미를 지닌다. 집은 삶을 위한 진정한 공간이자, 가장 중요한 목표점이다.

스웨덴에서는 자연과 더불어 살며 스스로 뭔가를 만들고 짓고 보수하며 살아간다. 인건비가 워낙 비싸서 사람을 쓰기 힘들다는 이유도 있지만, 초등학교와 중등학교 때부터 남녀 구분 없이 '목공'을 필수 과목으로 배운다. 학교 목공실은 입이 쩍 벌어질 정도로 잘 갖춰져 있다. 다양한 크기의 송판부터 연장들까지 없는 게 없다. 수학을 공부하는 것만큼 목공이나 기술 같은 활동을 익히는 것도 중요시하기 때문이다.

우리가 지금의 집을 사들였을 때, 집이 너무 오래되어서 집 전체를 완전히 리모델링해야만 했다. 처음에는 업체에 욕실 수리를 맡겼는데 결과는 만족스럽지 않았다. 시간이 너무 오래 걸렸고 수리 비용도 지나치게 비쌌다.

결국 나는 모든 리모델링을 혼자 힘으로 해보기로 했다. 1년에 7주인 휴가 중 5주를 할애해 집을 고치기 시작했다. 집 입구를 증축해서 현관을 넓히고 위층에 방 한 칸을 새로 만들었다. 아래층은 벽을 개조해 확 트인 공간으로 확장하고 거실과 식당도 바꾸었다. 바닥에는 두꺼운 송판을 깔고 벽지도 새로 발랐다.

우리 부부와 아이들은 가구를 직접 만들고 집을 고치면서 결과가 아닌 과정이 주는 가치를 배웠다. '나는 왜 박사 공부를 했을까?' 생각할 정도로 내 손으로 뭔가를 만들어가며 땀을 흘리는 즐거움은 컸다. 내 솜씨에 나 스스로 놀라기도 했다. 우리가 자재를 사 온 가게의 '진짜' 목수도 그 많은 공사를, 목공일은 해본 적도 없는 먹물 박사인 내가 해냈다는 사실에 놀라워했다. 내가 나무 다루는 재능을 타고났다는 걸 왜 그동안 알아차리지 못했을까 의아할 정도였다. 가만히 내 삶을 되돌아보니 '장군이 되어라', '대통령이 되어라' 등 '무엇이 되어라'라는 이야기가 업보처럼 따라다녔다. 하지만 '목수가 돼라'는 말은 들어본 적이 없다.

내가 만약 스웨덴에서 자랐다면 분명 목수가 되었을 거라고 생각했다. 내 아내의 말마따나 "청소부가 되더라도 정직하게 열심히 살라"고 하는 사회이니 말이다. 오후 3시 30분이면 그날 일을 마치고 집으로 돌아가는 목수를 보며, 나는 왜 그리 힘든 공부를 고집했는지 스스로에게 질문했다. 고등학교만 졸업해도 손가락질받지 않는 사회, 열심히 일하면서도 가정을 최우선으로 여기는 사회, 일하기 위해 사는 게 아니라 행복하고 의미 있는 삶을 위해 일하는 사회, 스웨덴에서 자라는 우리 아이들이 부럽기까지 했다.

한국의 많은 부모들은 아이들이 성인이 되어 사회에서 성공하기를 바란다. 물질적으로 풍족하고 남부러울 것 없는 인생을 살기를 원한다. 그런데 그런 사랑과 걱정 때문에, 아이들에게 더 나은 삶을 살게 해주겠다는 욕심에서 아이들의 현재를 무시하는 경향이 있다.

반면 여기 부모들은 아이들과 함께 삶의 순간순간을 부대끼고 음미하며 살아간다. '아이가 대학에 들어간 뒤에', '돈을 많이 번 다음에'가 아니라 지금 이 순간 아이들과 시간을 보내고 교감하는 것이 중요하다는 것을 안다.

12

감정적인 부모가
아이에게
상처를 남긴다

남편의 처음이자
마지막 체벌

큰아들 태인이가 중학생이었을 때다. 남자아이인데다 사춘기라 좀 거친 면이 있었다. 한번은 아이가 나에게 과격하게 대들며 고함을 질러댔다. 남편은 감정을 억누르는 데 실패했다. 엄마에게 반항하는 아들을 두고 볼 수가 없어 그만 아이의 뺨을 때리고 말았다. 나는 남편을 말렸고 아무리 아이가 잘못했어도 뺨을 때린 것은 잘못이라고 말했다. 나는 아이들에게 절대 감정적으로 대하지 않는다. 아무리 화가 나도 아이의 화가 누그러질 때까지 기다렸다가 대화로 문제를 해결한다.

지금 생각해도 그때 남편의 태도는 분명 실수였다. 감정을 통제

아이가 성인이 되기 전에
부모가 자녀에게 줄 수 있는 최고의 선물은
아이와 함께하는 시간이다.

하는 방법은 따로 없다. 부모도 사람이라 언제나 침착함을 유지한 다는 것이 결코 쉬운 일은 아니다. 그러나 어떤 경우에도 아이를 때려서는 안 된다. 부모 자신도 아이에게 손찌검한 일을 잊지 못하지만 아이에겐 더욱 잊히지 않는 일이다. 평생 마음의 상처로 남기 때문이다. 학창시절 교사에게 맞은 일도 모두 기억하고 있지 않은가? 그러니 부모로서 감정을 다스리는 법을 배우고 터득해야 한다. 화가 가라앉을 때까지 기다렸다가 차분히 대화를 해보면, 생각보다 많은 아이들이 자신의 행동을 되돌아보며 제 잘못을 마음속으로 반성한다는 사실을 알게 된다. 조금만 기다리면 서로에게 상처를 주는 일은 피할 수 있다.

나는 아이를 키우는 것은 하나의 예술이라고 생각한다. 그만큼 어렵다는 얘기다. 그런데 잘 키우고 싶다는 욕심이 지나쳐, 아이가 잘 자랐으면 좋겠다는 바람에 강력한 방법을 사용하는 부모들이 있다. 단기적으로는 효과가 있는 듯 보이지만 장기적으로는 결코 좋은 방법이 아니다. 아이들과의 교감 없이 강압적으로 가르치는 것은 문제가 많다.

아이에게 체벌을 가하면 아이는 부모에게 복종하게 되고 부모가 듣고 싶어 하는 것만을 말하게 된다. 그러면 부모는 아이가 말을 잘 듣는다며 만족할지도 모른다. 그러나 아이는 부모에게 잘 보이기 위해 진심을 숨기고 있는 것에 불과하다. 자기 아이를 잘 안다고 착각하지만 사실상 아이에 대해 무지해진다. 부모가 원하는 모습으로 위장한 아이를 보게 되는 것이다.

'세이브더칠드런(Save the Children)'을 비롯한 많은 국제 아동권리 보호 기구들은 아동에게 가하는 신체적인 처벌이나 굴욕적인 대우는 아이들을 좋은 방향으로 이끌지 못한다고 주장한다. 체벌로 아이들을 순종하게 만든다 해도 아이들은 자신이 왜 맞는지 이해하지 못하는 경우가 많으며 그저 체벌을 피하려고만 한다. 그 때문에 체벌이 무서워 올바르게 행동하다가도 부모의 감시나 위협이 없으면 일탈 행동에 대한 욕구가 커진다. 그래서 체벌에 노출된 아이들은 스스로를 통제할 수 있는 기회를 상실하기 쉽다.

아이들의 삶에서 가장 중요한 사람은 단연코 부모다. 그런데 부모가 거칠고 폭력적으로 행동하면 아이들은 금세 균형을 잃고 혼돈에 빠진다. 어린아이에게는 삶의 전부나 다름없는 부모가 어떤 식으로든 상처를 줬을 때 그 상처는 쉽게 잊히지 않는다. 성인이 되어서도 아물지 않는 경우가 많다.

세계 최초로 가정 폭력을 금지한 나라, 스웨덴

스웨덴은 1979년, 세계 최초로 가정에서의 자녀들에 대한 신체적인 학대나 폭력을 금지했다.

> 아이는 보육, 안전과 좋은 양육을 받을 권리가 있다. 아이들은 인간으로 그리고 개성을 가진 존재로 존중받아야 하고 체벌 또는 기타 굴욕적인 대우를 받아서는 안 된다.
> – 부모법 6장 1조

위의 법에서 명시하고 있듯 스웨덴에서는 체벌을 양육 방식으로 사용하지 않는다. 체벌에는 우리가 흔히 생각하는 손바닥이나 종아리를 때리는 행위 외에도 많은 것이 포함된다. 따귀 때리기, 머리 잡아당기기, 세게 잡거나 흔들기, 밀치기 등이다. 게다가 아이가 모욕감을 느낄 만한 언행, 즉 비하하는 말, 비꼬는 말, 조롱, 무시, 차별 등도 금지한다. 신체적인 폭행보다 심리적이고 정신적인 폭행인 폭언과 위압적인 태도가 아이에게 더 나쁜 영향을 줄 수 있다는 것을 알기 때문이다. 1991년에 비준한 유엔아동권리협약(UNCRC)에서도 아동의 생존, 발달, 보호에 관한 기본 권리를 명시하고 있다.

> 당사국은 아동이 부모, 후견인, 기타 아동 양육자의 양육을 받고 있는 동안 모든 형태의 신체적·정신적 폭력, 상해나 학대, 유기나 유기적 대우, 성적 학대를 포함한 혹사나 착취로부터 아동을 보호하기 위하여 모든 적절한 입법적·행정적·사회적 및 교육적 조치를 취해야 한다.

유엔아동권리협약은 아동의 인권을 성인과 똑같이 주장한다. 성인에 대한 폭력은 법으로 금지하면서 어린이에 대한 폭력은 소위 '전통'이나 '양육'이라는 이름으로 정당화되는 경우가 많다. 이에 대해 유엔아동권리협약은 아동도 성인과 동일한 인권을 가지며 아동에 대한 폭력이 다른 어떤 이유로도 정당화될 수 없다는 것을 분명히 하고 있다.

스웨덴에서는 아이가 체벌, 폭행 또는 다른 모욕적인 취급을 받왔다고 의심되면 학교가 지방정부의 사회국에 신고할 의무가 있다.

이런 경우 경찰은 수사를 하게 되고 경찰의 수사가 끝나면 사회국 담당자가 아이와 가족을 만난다. 체벌을 가한 사람에게는 징역형이 선고될 수도 있으며, 문제가 아주 심각한 경우에는 아동을 기탁 부양 가정에 보낼 수 있다. 그렇게 심각한 문제가 아닌 경우에는 사회국 담당자가 해당 가족을 만나 폭행과 모욕이 아닌 대화와 소통으로 양육하는 방법을 사용하도록 도와준다.

위험한 상황에 처해 있으면서도 누구에게 털어놓을 엄두도 못 내고, 사람들 눈에 띄지 않아 도움조차 받지 못하는 아동은 '스웨덴 아동권리보호기관(BRIS)'에 익명으로 전화해 전문가에게 상담을 받고 구체적인 정보도 얻을 수 있다. 또한 학교에 상주하는 간호사, 전문 상담사, 병원 내에 있는 청소년 정신 클리닉에 도움을 요청할 수도 있다.

신체적인 체벌만이
폭력은 아니다

내가 일하는 학교에 페테르라는 열네 살짜리 남학생이 있었다. 학교에서 소위 문제아로 통하던 페테르는 상담 교사인 나에게 상담을 받으러 왔다. 나는 페테르와 여러 번 이야기를 나눠본 결과 아빠와의 관계에 문제가 있다는 사실을 알게 되었다.

열 살 때까지 페테르는 아빠와 사이가 좋았다고 한다. 아빠는 페테르와 많은 시간을 함께 보내며 축구 경기도 보고 탁구도 치고 페테르가 잠들기 전에 책도 읽어주었다. 그런데 페테르가 열한 살이 되면서부터 아빠가 변하기 시작했다고 한다. 일이 바빠서인지 아빠와 페테르가 함께하는 활동이 줄어들었고, 아빠는 걸핏하면 화를 냈다. 페테르가 뭔가를 물어봐도 대답조차 제대로 해주지 않았고, 페테르에게 '뚱보'라느니, '둔하다'느니, '게으르다'느니 하는 등의 꾸지람을 했다. 그런데 아빠의 이런 태도는 시간이 가면서 더 심해졌다. 심지어 페테르가 식사를 하고 있을 때 째려보거나 "왜 숟가락질도 제대로 못하고 음식을 흘리냐?"는 둥, "넌 왜 진심으로 웃지 않고 입만 웃냐?"는 둥 온갖 트집을 잡았다. 이런 모욕적인 말들은 페테르에게 깊은 상처를 남겼다.

한창 예민한 시기에 정서적으로 가장 가까운 아빠의 비난과 폭언에 가까운 말들이 거의 매일같이 반복되었다. 그 결과 아주 밝았던 페테르는 자신감을 잃고 매사에 불안해했다. 아빠의 말처럼 자신은 못생겼고 둔하며 게으르다고 믿게 되었고, 자신이 하는 일은 다 실패할 거라는 강박관념에 시달렸다. 그런 상태로 고등학교에 입학한 페테르는 무단결석도 자주 했다. 그 후 겨우 대학에 들어갔지만 금방 그만두었다. 성인이 되어서도 상처를 지우지 못한 페테르는 결국 자살로 생을 마감했다.

알고 보니 페테르의 아빠는 우울증을 앓고 있었다. 직장에서 받은 스트레스를 스스로 감당하지 못하고 아이에게 화풀이를 한 것이다. 결국 부모가 자신의 감정을 통제하지 못해 일어난 비극적인 사건이었다.

부모의 감정은 아이에게 매우 중요하다. 그런데 부모도 사람인지라 감정이 앞서기 쉽다. 자기 불안을 견디지 못해 한 말일 수도 있고, 너무 힘든 나머지 어린 자녀에게 감정을 발산하는 경우도 종종 있다. 아이를 키워본 사람은 숱하게 느꼈겠지만 다른 부모들이 잘못하는 것은 쉽게 눈에 띄어 충고나 조언을 술술 하게 된다. 제삼자의 입장이라 감정에 치우치지 않고, 좀 더 명확하게 이성적으로 바라볼 수 있기 때문이다.

반면 자신의 아이가 원하는 대로 되지 않을 때는 금방 감정적인 태도를 보인다. 이성적인 사고는 온데간데없고 감정이 상황을 지배하게 된다. 이는 어쩌면 당연한 일일지도 모른다. 그렇지만 사람 본성이라고 해서 자연스럽게 받아들일 일은 아니다. 부모라면 감정을 자제하는 습관을 길러야 한다. 화를 내기 전에 심호흡을 하고 잠시 참아보자. 단 2~3분만이라도 아무 말도 하지 말고 참아보자. 2~3분 뒤에도 상황이 달라지지 않는다면 그때 화를 내도 된다고 생각하고 참아보는 것이다.

그런데 신기하게도 대개는 화를 가라앉힌 뒤에 돌이켜보면 화를 내지 않은 게 백번 잘한 일이라는 생각이 들 때가 많다. 화를 내지 않고 참는 시간은 사람마다 다를 수 있다. 다만 한 가지, '화는 언제든지 낼 수 있으니 잠깐만 기다려보자'라는 생각으로 잠시 시간을 가지면 감정이 가라앉고 이성이 눈을 뜬다.

페테르의 사례가 너무 극단적이라고 생각할지 모르겠다. 그러나 학교생활이나 사회생활에 문제를 겪는 사람들의 어린 시절로 거슬러 올라가보면 생각보다 가정 폭력이 불씨가 된 경우가 많다. 페테르뿐 아니라, 내가 상담했던 많은 아이들의 경우 부모에게서 정신적으로나 신체적으로 모욕을 당했을 때 심한 공포를 느끼고 자신이 버림받았다고 생각했다. 정서적으로 불안해지고 자신감을 잃어 주변 사람들과도 거리를 두었다. 야뇨증이나 악몽에 시달리고 극도로 소극적이거나 반대로 심하게 공격적인 성향을 보이기도 했다. 아이들의 삶에서 안전지대가 되어야 할 가정이 가장 큰 상처를 주는 곳이 되어버릴 때 아이들은 갈 곳을 잃는다.

체벌 없이 아이를
바르게 키울 수 있을까?

부모가 어떻게 행동하느냐는 아이들의 행동에 큰 영향을 미친다. 그러니 어떤 일이 있어도 아이에게 폭력을 써서는 안 된다. 그렇다고 오냐오냐 키우라는 말이 아니다. 아이의 잘못된 행동으로 위험에 노출되었을 경우엔 단호하게 말해야 한다. 아이들은 안 듣는 것 같아도 듣고 있다. 그러니 아주 분명하게 얘기해야 한다.

아이들이 자기 행동에 대해 스스로 책임지고 다른 사람을 존중하도록 키우는 것이 부모의 역할이다. 다른 사람이나 자신을 해하지 않고 자신의 삶을 책임질 수 있으려면 우선 자기 방과 학교 공부를 책임지는 데서부터 출발해야 한다.

스칸디 부모들이라고 해서 성인군자는 아니다. 그들도 화를 내며 실망했다고 아이에게 말한다. 하지만 그다음이 중요하다. 아이가 뭐라고 말하는지 경청하는 것이다. 아이에게 왜 그렇게 했는지를 묻고 그 문제에 대해 대화로 풀어나간다. 이렇게 하면 아이들은 대체로 자기의 잘못을 인정한다. 그리고 다음에 똑같은 잘못을 저지르지 않게 하려면 도움과 지도가 필요하다.

따라서 분명하게 규칙을 정해놓아야 한다. 그렇다고 불필요하게 많은 규칙을 만드는 것은 좋지 않다. 아주 중요한 것에 대해서만 규칙을 정하고 아이들이 그것을 진실로 숙지하고 있는지를 확인해야 한다. 어린아이들은 많은 규칙을 익히는 것이 힘들다. 또 좀 큰 아이들은 규칙을 귀찮아하기 때문에 자기가 지키고 싶은 것만 선택한다. 그럴 경우 부모가 정말 중요하게 생각하는 것은 정작 아이가 지키지 않을 수도 있다.

한번 정한 규칙은 굳이 바꿀 필요가 없다면 유지하도록 노력해야 한다. 아이를 바로잡아야 할 때는 문제가 되는 행동에 대해 받아들일 수 없다고 단호하게 말한다. 이때 부모가 말하고 싶은 내용을 전달하고 아이를 질책하는 것은 좋지만 1~2분을 넘기지 않도록 한다. 아이들은 말과 행동으로 당장 보여주지는 않아도 무엇을 잘못했는지를 깨닫고 질책을 받아들인다. 그런데 그보다 더 오래 얘기하면 잔소리가 되고 아이들은 귀를 닫아버려 부모가 말하고자 하

스칸디 부모들은 아이들과 함께 삶의 순간순간을
서로 부대끼고 음미하며 살아간다.
아이들을 위해 온전히 부모의 시간을 저축하고
그 시간을 기꺼이 자녀에게 선물한다.

는 바를 받아들이지 않게 된다.

더 엄격해져야 할 경우, 여기 부모들은 종종 컴퓨터 사용 금지를 겸한 외출 금지를 벌로 준다. 단, 이 금지 기간을 '감옥에 가두는 시간'으로 간주하지 않고 아이와 더 많은 시간을 갖는 기회로 삼아 아이와 대화하고 아이와의 관계를 개선하는 데 집중한다. 예를 들어 팝콘이나 과자를 준비해 아이가 보고 싶어 하는 영화를 같이 본다거나, 예전에 함께 찍은 추억의 사진들을 들여다보며 즐겁게 이야기를 나누고, 재미있는 이벤트를 마련해 아이와 주말을 함께 보내는 것이다. 그런데도 아이의 행동이 개선되지 않는다면 새로운 취미 활동을 권해보는 것도 좋겠다.

이 모든 과정에서 중요한 것은 부모가 항상 관심 있게 지켜본다는 사실을 느끼게 해주는 일이다. 스칸디 부모들은 그 무엇보다 아이와 좋은 관계를 유지하는 것을 중요시한다. 신뢰가 쌓이면 부모의 말이 훨씬 더 잘 통하기 때문이다. 아이와 의견이 다른 문제가 있다면 일단 제쳐두고, 먼저 서로 통하고 공감하는 것에 대해 이야기를 나누는 것도 좋은 방법이다.

Chapter

13

자녀에게
부모의 시간을
선물한다

부부가 행복해야
아이도 행복하다

아이가 태어나면서 나타난 생활의 변화는 특히 남편에게 엄청난 파동을 일으켰다. 우리 부부는 세 명의 아이를 2년 터울로 낳고 길렀다. 남편이 박사 공부를 하던 가장 힘든 시기이기도 했다.

첫아이가 태어나고 1~2개월째 되었을 때 나는 남편에게 두 가지 규칙을 요구했다. 첫째, 대학에 있는 시간이 하루 8시간을 넘어서는 안 된다는 것, 빨리 집에 와서 아이와 함께 시간을 보내라는 것이었다. 저녁 늦게까지 학교에서 공부를 하곤 했던 남편은 나의 단호한 말에 이 '8시간제'를 준수했다. 시간을 제한하니 오히려 시간을 더 효율적으로 사용하는 법을 배워 나중에는 나에게 고마워하게 되었다.

두 번째는 금연이었다. 남편은 그때까지 거의 10년 동안 하루에 7~8개비의 담배를 피워왔다. 물론 집 안에서는 피우지 않았다. 그럼에도 나는 아이와 얼굴을 비비며 살려면 완전히 금연해야 한다고 했다. 남편은 담배를 끊었고 아이들이 자란 후로도 한 번도 담배를 입에 물지 않았다. 담배를 끊으니 훨씬 건강해졌다. 이 역시 나에게 고맙다고 했다.

아이를 키우는 일은 결코 쉽지 않다. 맞벌이 부부인 데다 우리처럼 아이가 셋이나 되면 그야말로 5분, 10분의 시간도 잘 짜 맞춰야 한다. 인생에서 스케줄과 타이밍이 얼마나 중요한지, 우리는 가정을 이루고 아이들을 키우며 새삼 느꼈다. 부부 싸움은 대개 스케줄 때문에 벌어졌다. 아이를 유아학교나 학교에 맡기고 데려오는 데 서로 시간이 맞지 않아 짜증이 나면 상대에게 화를 내기 일쑤였다.

아이들이 부모에게 많은 행복을 가져다주는 것은 사실이지만, 뒷바라지하는 그 시간만큼은 힘들 수밖에 없다. 그래서 우리 부부는 1년에 적어도 일주일은 아이들을 외갓집이나 아이들 이모에게 맡겨두고 단둘만의 여행을 떠나곤 했다. 서로를 좀 더 이해하고 직장 생활과 양육으로 방전된 배터리를 충전하기 위해서였다. 그렇게라도 해서 여행을 다녀오면 완전히 새로운 부모가 된 느낌이 들었다. 아이들은 아이들대로 잠시나마 다른 어른들과 생활하면서 엄마

전형적인 북유럽 남자, 스칸디 대디의 일상적인 일을
큰 갈등 없이 자연스럽게 할 수 있기까지,
남편에게는 결코 쉽지 않은 시간이었다.

와 아빠에 대해 다시 생각할 기회를 갖게 된다.

긍정심리학이나 행복학을 전공하는 사람들은 아이들이 어릴 때 행복을 경험하지 못하면 커서도 불행해질 확률이 높다고 말한다. 부모가 서로에 대한 불만으로 자주 언성을 높이며 싸울 경우, 아이들은 어마어마한 불안과 공포를 느낀다. 그래서 어린 시절 부모가 싸우는 모습을 본 아이들은 성인이 되어서도 당시 느꼈던 불안과 공포, 분노 등을 생생히 떠올린다. 게다가 부모의 싸움을 보며 자란 아이는 성장해서 자신의 가정을 꾸렸을 때 부부 사이가 좋지 않을 가능성이 크다고 한다. 즉 부부 싸움도 대물림될 수 있다. 경험해보지 못한 일은 커서도 하기 쉽지 않고, 반대로 경험이 미래를 지배할 가능성은 농후하다.

스웨덴에서 한 연구 결과가 발표된 적이 있다. A그룹의 아이들은 부부 싸움이 잦은 가정에서 자랐다. B그룹의 아이들은 싸움을 일삼던 부부가 이혼한 후 각자 다른 사람과 재결합해 행복하게 사는 가정에서 자랐다.

어떤 아이들이 더 불행했을까?

A그룹의 아이들이 B그룹의 아이들보다 정서적으로 더 불안하고 불행하다는 결과가 나왔다. 가정에서 벌어지는 어른들의 싸움과 불협화음은 이혼보다 더 큰 악영향을 미칠 수 있다는 것이다.

부모가 자식들에게 미치는 영향은 생각보다 훨씬 크며 아이들의 장래를 좌우할 만큼 중요하다. 그렇기 때문에 평소 가정에서 부모 자신들의 행동과 모습이 어떤지 매 순간 의식할 필요가 있다. 우리 부부가 단둘이서 여행을 가듯, 일주일이 너무 길다면 주말에라도 둘만의 시간을 보내며 서로를 이해하기 위해 노력해보는 건 어떨까?

아이를 키운다는 건 너무 빨리, 그렇다고 너무 뒤처지지도 않게 부모와 자녀가 속도를 맞춰 나란히 걸어가야 하는 긴 여정이다. 중요한 것은 아이의 행복만이 아닌 부모 자신의 행복을 위해 노력해야 한다는 점이다. 아이를 어떻게 키우고 교육하든 경쟁하고 성취하려고 애쓰기보다 부모 자신의 삶을 잘 살아내는 것이 중요하다.

좋은 부모 매뉴얼이 따로 있는 게 아니다. 자녀에게 최고의 교육은 부모 자신의 행복한 마음과 여유임을 잊지 말았으면 좋겠다.

남자와 여자,
그리고 부부 생활

부부 생활에서 사랑은 매우 중요하다. 부부간의 사랑이 식으면 티격태격 싸우게 되고, 싸움이 심해지다 보면 이혼으로 치닫기도 한다. 이는 세계 어느 나라에서나 마찬가지다. 그러나 가정의 불화를 바라보는 시각이나 해결하는 방식은 나라마다 차이가 있다.

한국에서는 어느 한쪽이 원한다고 해서 쉽게 이혼할 수 없다. 부부가 서로 합의를 해야 하고, 사랑하지 않는다는 이유만으로는 이혼이 성립되지 않는다. 스웨덴에선 자녀가 있는 경우와 없는 경우, 이혼에 서로 동의하느냐의 여부에 따라 다소 차이는 있지만 어느 경우에도 이혼 사유를 특별히 제시할 필요는 없다. 자녀가 없고 부부가 서로 동의할 경우엔 법원에 이혼을 신청하면 그 즉시 이혼이 성립된다. 자녀가 있고 서로 동의하지 않아 부부 중 한쪽이 법원에 이혼을 신청한 경우에는 6개월의 숙려 기간이 주어지고, 숙려 기간 이후에도 어느 한쪽이 계속 이혼을 원하면 그때 비로소 이혼할 수 있다. 또 16세 이하의 자녀가 있고 적어도 2년간 별거를 한 상태라면 서로 이혼에 동의하지 않아도 이혼이 성립된다.

이혼 시 재산을 나누는 방법도 스웨덴에선 아주 간단하다. 부부 간의 재산 소유와 분할 방법에 대한 합의 문서를 따로 남겨놓지 않은 경우에는 누가 재산을 불리고 유지하는 데 얼마나 기여했느냐에 관계없이 부부가 재산을 똑같이 나눠 갖는다. 설령 부모에게 물려받은 재산이라 할지라도 문서상 특별한 조항이 없으면 이혼 시 똑같이 분배한다. 따라서 스웨덴에서는 이혼 후에 발생할 경제적인 어려움 때문에 여성들이 이혼을 망설이는 경우는 거의 없다.

부부의 잠자리 문제에서는 스웨덴과 한국이 같은 법적 관점을 보여준다. 스웨덴과 마찬가지로 한국에서도 부부 중 어느 한쪽이 원치 않는 상황에서 강압적으로 성관계를 했을 경우 성폭행으로 인정된다. 즉 부부 사이에서도 강간죄가 성립되는 것이다. 한국에서 남편이 밤늦게 귀가한 아내를 흉기로 위협해 강제로 성관계를 맺고 이틀 후에도 같은 방법으로 성관계를 한 사건이 벌어졌다. 이 사건을 두고, "아내도 한 인간으로서 인격권과 인간 존엄성, 행복 추구권, 성적 자기결정권을 갖고 있고, 한국 사회의 남성 중심적인 성 문화가 바뀌어 여성의 지위가 높아졌기 때문에 배우자 강간죄는 인정되어야 한다"는 검찰 측 변론과, "배우자의 강간을 이유로 한 고소가 감정적인 보복 수단이 될 수 있고 가정 붕괴를 가속화시켜 부부간 신뢰 관계를 파괴할 수 있기 때문에 배우자 강간죄가 인정되어선 안 된다"는 변호사 측의 주장이 팽팽히 맞섰다.

강제성이 있었다면 이미 부부간의 신뢰 관계가 파괴되었음을 의미하는 것일 텐데, 부부간의 신뢰가 파괴될 것이 두려워 부부 강간죄를 인정할 수 없다는 변호사의 논리는 뭔가 앞뒤가 맞지 않고 궁색해 보인다. 다행히도 2013년 5월, 대법원은 처음으로 정상적인 혼인 관계에서의 배우자 강간죄를 인정했다. 이 판결을 계기로 한국도 부부간 양성평등에 한 걸음 더 가까이 다가서게 되었다(참고로 일본은 아직 배우자 강간죄를 인정하지 않고 있다).

여성의 입장에서 이혼이 쉽지 않은 것은 법적으로 남녀평등이 실현되지 않았음을 의미하는 것일 수도 있다. 이혼을 원하는 측의 다수가 여성이고, 이런 여성들은 남성의 술버릇, 도박, 협박, 가정폭력 등에 시달리면서도 힘든 결혼 생활을 유지하며 두려움 속에서 살아간다면 이 얼마나 불행한 일인가?

물론 북유럽 국가들의 경우에도 남녀 차별의 문제가 전혀 없는 것은 아니다. 스웨덴의 경우 여성이 남성보다 기업 이사회에 진출하는 비율이 낮고, 같은 직종에서 여성의 보수가 남성보다 적은 문제를 시정해달라는 요구의 목소리도 높다. 또 남자(han)와 여자(hon)를 따로 구분하지 않고 하나의 중성적인 단어(hen)로 사용하려는 움직임이 있었는데, 현재는 신문 등에서 중성적 호칭을 쓰고 있다. 그만큼 스웨덴을 비롯한 북유럽 국가에서는 여성의 지위가 남성보다 낮지 않고, 이런 사회 분위기 속에서 가정생활과 사회생활, 아이들의 교육이 이루어진다. 즉 평등한 남녀 관계와 부부 관계가 스칸디 교육 철학의 실질적인 기초라고 할 수 있다.

아직도 한국에서는 남편 혹은 아버지의 권위가 바로 서야 가정이 제대로 돌아가고 아이를 잘 키울 수 있다고 생각하는 것 같다. 물론 틀린 이야기는 아니다. 반면 스웨덴의 경우는 남편이 아내를 무시하는 불평등한 부부 관계에서는 아내와 자녀들뿐만 아니라 권위를 가진 남편 역시 결코 행복해질 수 없다고 생각한다.

더 나아가 아이들을 민주주의 시민으로 키우기 위해서는 남녀평등, 부부간의 평등이 필수 요소라고 보고 있다. 스칸디 대디, 스칸디맘처럼 아이 중심의 평등하고 합리적인 교육을 하려면 남자와 여자, 남편과 아내 사이의 평등한 관계가 전제되어야 한다는 뜻이다.

물질이 아닌 시간으로 헌신하는
스칸디 부모

스웨덴에서 우리 부부와 친하게 지낸 마츠 부부는 초등학교에 다니는 남매를 두었다. 이들 부부는 아이들과 더 많은 시간을 갖기 위해 둘 다 근로시간의 90%씩만 일하기로 했다. 다른 사람들이 일주일에 40시간을 일할 때 이들은 36시간씩만 일한다. 부모 중 한 명이 아이들의 등교를 챙기면 다른 한 명은 아이들의 하교와 그 후의 일과를 챙긴다. 아이들이 학교 수업 외에 취미 활동을 하면 부가 아이들을 차로 데려다주고 데려온다. 아이들이 하는 취미 활동 클럽에 참여하고 도와주기도 한다.

마츠 부부는 아이들과 같이 지내는 시간이 많아야 된다고 생각한다. 아이들이 태어나기 전에는 일도 많이 하고 친구들과 자주 어울리고 취미 활동도 즐겼다. 그러나 지금은 아이들을 돌보고 함께 지내는 데 시간을 투자한다. 자신들의 취미 활동은 아이들의 스포츠와 취미 활동에 자리를 내주었고, 만나는 사람들도 자신의 친구들보다는 아이 친구들의 부모와 주로 어울렸다. 옛 친구들 중 아이가 없는 친구들은 자주 만나지 못해 자연스레 멀어졌다. 또 아이들을 키우기 좋은 환경을 찾아 이사도 갔다. 이처럼 마츠 부부는 아이를 낳은 뒤 모든 것을 아이 중심으로 바꾸었다.

한국에 있는 우리 친구 A는 두 딸을 두었다. 부모가 저녁 늦게까지 일하기 때문에 이 아이들은 알아서 저녁을 차려 먹고 부모가 올 때까지 자기들끼리 지낸다. 열세 살짜리 큰딸은 힘들게 일하는 부모에게 걱정을 끼치고 싶지 않아서 무슨 일이 생겨도 부모에게 얘기하거나 상의하지 않았다. 부모는 일을 집까지 가져왔고 주말에도 일하기 일쑤였다. 큰딸은 몸이 좋지 않을 때가 있었는데도 부모에게 아프다고 하소연하지 않았다.

이 부부는 열심히 돈을 벌어야 아이들이 원하는 것을 모두 해줄 수 있고, 아이들도 물질적으로 풍요로운 걸 더 좋아한다고 생각했다. 그러니 부부가 고생하는 것도 다 아이들을 위해서라고, 아이들이 남부러울 것 없이 자라고 여행을 통해 많은 것을 경험하길 원하기 때문이라고 여겼다. 그래서 이 부부는 자신들의 사회적인 성공을 위해 최선을 다했다. 아이들과 대화하고 많은 시간을 같이 보내겠다고 일과 돈을 포기할 수는 없었다. 아이들이 태어나기 전에 살던 방식 그대로를 아이들이 태어난 후에도 고수했고, 아이들은 그런 환경에 적응하며 자라온 것이다.

마츠 부부와 친구 A 부부 중 어느 쪽이 더 아이들을 위해 희생한 것일까? 물론 양쪽 부모 모두 아이들을 위해 나름의 희생을 감수했다. 다만 가치관과 방식이 다를 뿐이다. 특히 한국의 많은 부모들은 아이를 위해 자신들이 희생하고 있다고 느끼는 것 같다.

그런데 그 희생이 결국 물질을 좇기 위한 것은 아닐까? 부모와 함께 보내지 못한 시간을 돈이나 물질로 보상할 수 있다고 생각하는 것 같다. 그러나 이런 생활을 지속한 결과, 아이들은 부모의 무관심을 원망하고 부모는 '내가 누구 때문에 이렇게 일했는데!'라며 자식을 원망하게 된다.

반면 스웨덴 부모들의 희생은 다르다. 그들은 자녀에게 부모의 시간을 기꺼이 선물한다. 물질적인 지원은 그다음 일이다. 아이가 태어난 순간부터 시간이 더는 부모 자신의 것이 아니라고 받아들인다. 아이를 염두에 두고 모든 것을 계획하고, 행여나 아이에게 문제가 생기면 계획 자체를 수정한다. 자신이 중심이었던 시간을 아이들이 중심이 되는 시간으로 변화시킨다.

스칸디 부모들은 아이들을 위해 온전히 부모의 시간을 저축한다. 그리고 이를 희생으로 여기지 않고 오히려 즐긴다. 물질은 아이들에게 줘버리면 그만이지만 함께하는 시간은 부모 자신도 행복하게 해주기 때문이다. 자녀에게 선물한 시간은 아이와 함께 보낸 한 때, 아이의 웃는 모습, 아이와 나눈 이야기, 같이 걸었던 길에 대한 추억이라는 소중한 선물로 되돌아온다.

반려동물 한 마리를 집안에 들여도 생활이 바뀌는 법이다. 일찍 집으로 돌아가 밥을 주고 매일 함께 산책도 해야 한다. 하물며 사람이, 가족 구성원이 새로 생겼을 때 삶에 엄청난 지각 변동이 일어나는 것은 당연하다. 스칸디 부모는 이 변화를 즐기며 적극적으로 동참하려고 노력한다. 이는 아이들을 위한 것일 뿐 아니라 자신을 위한 것이기도 하며, 결국 가족 모두의 행복을 위한 선택이기 때문이다.

결혼을 하고 아이들이 있는데도 금요일엔 밖에서 동료들이나 친구들과 '불금'을 만끽하는가? 집에 일찍 들어가 가족과 함께 보내는 '가금(가족과의 금요일)'도 생각해보자. 우리 가족은 금요일이면 분위기를 한껏 내기 위해 촛불도 켜고 특별한 요리에 와인도 준비한다. 아이들과 같이 볼 영화도 준비해둔다. 몇 시간씩 오붓하게 식사를 하며 이야기를 나누고 밤늦게까지 함께 영화를 보기 위해서다. 이날만큼은 아이들도 일찍 잠자리에 들지 않아도 된다. 젊은 시절에 보낸 어느 '불금'보다 우리에게는 아이들과 보내는 지금의 '가금'이 훨씬 가치 있고 아름답게 여겨진다.

Chapter

14

아이에게
초점을 맞추면
저절로 좋은 부모가 된다

나는 아이를
울리는 부모인가?

많은 사람들이 얼떨결에 부모가 되고, 아이를 키우며 수많은 시행착오를 거친다. 그러면서 누구나 자기 자식한테는 완벽한 부모이고 싶어 한다. 그러나 완벽한 인간이 없듯 완벽한 부모도 없다는 것을 우리는 알아야 한다. 완벽하지는 못하더라도 좋은 부모가 되기 위해 애쓸 뿐이다. 사실 내 아이를 사랑한다는 점에서는 모든 부모가 완벽한 부모일지도 모른다. 당신은 당신의 아이에게 가장 완벽한 부모다. 아이는 언제나 당신을 필요로 하니까.

많은 부모들이 아이를 키우면서 맞닥뜨리는 시련은 바로 죄책감과 불안이다. '나는 좋은 부모가 아닌지도 모른다'는 불안이 엄습

한다. 육아가 힘든 이유의 절반은 바로 이런 부모의 불안 때문이다. 우리 역시 첫아이를 키울 때는 수백 번도 더 자책하고 자괴감에 빠지기도 했다. 나를 도우려고 갓 태어난 아기를 안고 씨름하면서 무슨 짓을 해도 울음을 그치지 않는 아이를 보며 '나는 아이를 울리는 아빠인가' 싶어 남편이 아기와 함께 눈물을 쏟은 적도 있었다.

내가 출산 후 병원에서 일주일 가까이 몸조리를 하다가 집으로 온 지 2주쯤 되었을 때였다. 아이가 밤마다 깨서 울었다. 수유 후에 등을 쓸어주며 트림을 시키고 기저귀도 갈아줬지만 아이는 계속 울기만 했다. 아이를 달랜답시고 유모차에 엎드려 눕히고 문지방을 넘나들어도 소용이 없었다. 남편과 번갈아 가며 아이를 재우려고 했지만 아이는 울음을 그치지 않았고 둘 다 지칠 대로 지쳤다.

밤에 자주 수유를 해야 하는 내가 틈틈이 쪽잠이라도 잘 수 있도록 남편이 아이를 안고 온 집 안을 다니며 달랬다. 그래도 아이는 계속 울었고, 남편이 참다못해 아이를 침대에 내동댕이치는 지경에 이르렀다.

다음 날 아침, 우리 부부는 이 문제를 상의했다. 더는 우리 스스로 해결할 수 없다는 결론을 내리고 의사에게 도움을 청하러 갔다. 유아 전문 간호사는 모유가 너무 급하게 많이 나와 아기가 어쩔 수 없이 많은 양을 한꺼번에 삼킨다고 했다. 그 과정에서 너무 많은 공기를 한 번에 들이마셔서 아기가 복통을 느낀다는 것이다. 갓난아기는 배가 아픈 것과 고픈 것을 구분하지 못하기 때문에 아플 때도

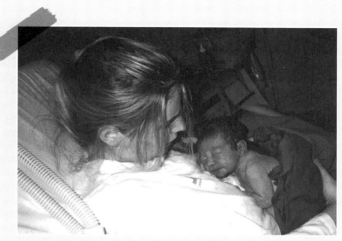

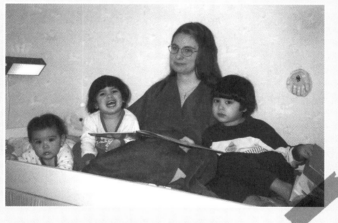

부모들이 아이를 키우면서 맞닥뜨리는 시련은
죄책감과 불안이다. '나는 좋은 부모가 아닌지도 모른다'는
불안이 엄습한다. 육아가 힘든 이유의 절반은
바로 이런 부모의 불안 때문이다.

고픈 줄 알고 계속 칭얼댄다고 했다. 그래서 아기가 배고픈 줄 알고 다시 수유를 하면 복통은 더욱 심해진다는 것이었다. 모유 수유 전에 약을 먹이면 공기가 배에 차지 않아 허겁지겁 먹지 않게 될 거라고 했다. 그러면 아기가 먹는 양에 따라 모유 생산이 조절되어 모유도 차츰 아기가 감당할 수 있을 만큼씩 나올 것이고, 결국 아기 배에 더 이상 공기가 차지 않을 것이라고 했다. 정말 그랬다. 간호사의 말대로 한 뒤부터 아기는 밤에 잠도 잘 잤다. 간호사를 만나 얘기한 것이 큰 도움이 된 셈이다.

모든 일을 스스로 감당할 필요는 없다. 한국에서는 일하는 엄마들이 어린 자녀를 어린이집에 맡기면서 죄책감과 미안함을 느끼는 경우가 많다. 하지만 아이는 엄마만 키워야 하는 것이 아니다. 아빠는 물론 국가도 함께 키우는 것이다. 자신에게 주어진 자리에서 최선을 다하고 부족하더라도 자신을 믿어야 한다.

죄책감과 불안이
부모의 판단력을 흐린다

부부가 이혼을 했거나 한쪽 배우자를 잃은 경우에도 남은 한쪽 부모가 아이에게 죄책감을 갖는 경우가 많다. 우리 부부의 친구 마리아도 결혼을 하고 아들 칼레를 낳았을 때는 무슨 일이 있어도 아이의 목소리에 귀를 기울이겠다고 자신 있게 다짐했었다. 그런데 부부 사이가 삐걱거리기 시작했고 칼레가 여덟 살이 되었을 때 결국 이혼을 하고 말았다.

칼레는 엄마와 아빠의 집을 왔다갔다하며 지냈다. 그로부터 몇 개월이 지났을 때 아이가 학교에서 다른 아이를 때렸다며 부모 면담을 요청해왔다. 마리아는 충격을 받았다. 이혼하는 과정에서 힘든 시기를 겪긴 했지만 이혼 후에는 아이에게 오히려 잘된 일이라고 생각했는데, 도대체 뭘 잘못했기에 이런 일이 벌어졌을까? 마리아는 자신이 나쁜 부모, 부족한 엄마라는 불안감과 부모 역할을 제대로 하지 못했다는 자괴감에 빠졌다. 아이가 잘못된 것이 자신이 이혼을 했기 때문은 아닐까 자책했다.

마리아는 집으로 돌아와 칼레에게 실망감을 감추지 못한 채 무섭게 화를 냈다. 왜 친구를 때렸냐며 따지는 투로 물었고, 아이에게 제대로 해명할 틈조차 주지 않았다. 마리아는 이 일을 바로잡아야지만 좋은 엄마가 된다는 생각에 사로잡혀, 다시는 아이가 그런 일을 하지 않겠다는 약속을 하고 용서를 빌게 하는 데만 급급했다. 칼레가 왜 그랬는지 사실을 파악하고 이해하는 데는 관심을 갖지 않은 것이다.

칼레는 엄마가 원하는 대로 반성하고 용서를 빌었지만 자신이 왜 그런 행동을 했는지는 말하지 못하고 가슴속에 묻어두었다. 엄마가 드러내는 분노와 실망감 앞에, 자신의 이야기는 비집고 들어갈 틈이 없다고 느꼈기 때문이다.

칼레의 공격적인 성향은 그 후로도 계속되었다. 그래서 마리아는 자신이 아이를 제대로 키우지 못하는 부족한 엄마라는 생각을 더 굳히게 되었다. 엄마와 칼레 사이의 갈등도 점점 더 고조되었다. 마리아는 아들에 대한 통제력을 완전히 잃어버렸다고 느꼈고, 자신이 나쁜 엄마라는 생각은 더욱 확고해졌다. 때때로 자신이 정말 아들을 사랑하는가 하는 의심까지 하게 되었다. 이런 생각과 감정은 마리아 자신이 애초에 꿈꿨던 부모상을 완전히 잠식해버렸다.

이런 경우 잘못 대처하는 부모들의 유형으로 세 가지를 들 수 있다. 첫 번째는 그런 생각이나 감정과 타협하는 경우다. '그래, 나는 좋지 않은 엄마야. 하지만 아이에게 원하는 걸 사주면 좋은 엄마가 되고 다 잘될 거야'라고 생각한다. 화를 내고 그다음 순간 자신의 화에 대한 보상으로 과장된 친절을 베푸는 것이다. 그런데 이처럼 일관되지 못한 태도는 아이를 혼란스럽게 할 뿐이다.

두 번째 유형으로, 어떤 부모들은 자신의 부정적인 생각에 논리를 들이대며 거기서 벗어나려고 한다. '나는 나쁜 엄마가 아니야. 어제도 잠자리에 드는 아이에게 사랑한다고 말해줬고 아이가 좋아하는 음식을 매일 해주잖아. 나는 좋은 엄마가 틀림없어!'라고 스스로를 위로한다. 그러나 자기 자신을 믿고 인정하는 것은 좋지만 잘못하고 있는 부분을 외면하는 것은 위험하다.

세 번째 유형의 부모들은 자신의 감정을 그냥 인정해버린다. '그래, 난 나쁜 엄마야!'라며 자포자기해버린다. 그런데 '나는 나쁜 부모'라고 생각하며 부모로서의 의무를 다하지 않을 경우 문제는 훨씬 더 심각해진다. 부모로서 잘못했다고 생각하는 부분이 있으면 개선해야지, 좋은 부모가 되는 걸 결코 포기해서는 안 된다.

이 세 가지 유형의 문제점은 모두 부모 자신의 생각과 감정에 초점을 맞추고 있다는 데 있다. 아이를 사랑하고 아이의 마음을 경청하겠다는 초심을 잃어버렸기 때문이다. 마리아 역시 학교에서 자신을 나쁜 부모로 볼까봐, 자식을 잘못 키웠다고 주위에서 자신을 손가락질할까봐 두려워서 정작 아이는 안중에도 없는 상황이었다.

마리아는 나에게 상담을 청해왔고, 나는 아이와 제대로 이야기를 해보라고 조언했다. 아이의 말을 들어주라고 말이다. 마리아는 비뚤어질 대로 비뚤어진 아이와 용기를 내어 마주했다. 여덟 살짜리 아이가 자신의 생각을 말로 표현하는 것은 쉬운 일이 아니다. 그래도 마리아가 들을 준비를 하고 기다려주자 아이는 얘기를 시작했다. 마리아는 생각지도 못한 이야기를 듣게 되었다.

사건의 발단은 체육 시간이었다. 체육 선생님이 운동신경이 부족한 칼레를 둔하고 수업을 잘 따라오지 못한다며 조롱한 것이다. 그러자 아이들도 웃으며 선생님의 말에 동조했고 수업이 끝난 후에도 몇몇 짓궂은 남자아이들은 칼레를 계속 놀려댔다. 며칠 동안이나 놀림이 계속되자 칼레는 마침내 폭발해버렸다. 그러다가 그만 덩치 큰 칼레가 주먹을 휘둘러 친구 한 명을 다치게 한 것이다. 칼레는 자신이 한 행동에 대해 반성하고 있다는 말로 이야기를 마쳤다.

아들의 이야기가 끝나자 마리아는 그동안의 근심이 한순간에 사라졌다. 아이가 충동적으로 행동한 것은 사실이지만 그럴 만한 이유가 있었고, 어려운 상황에서 혼자 괴로워했다는 것을 알고는 미안한 생각마저 들었다.

마리아는 아이 아빠인 에릭에게 연락을 했고 학교에 상황을 설명해 교사의 잘못에 대해 문제를 제기했다. 칼레가 왜 그랬는지, 그 이유에 귀를 기울이면서부터 문제는 훨씬 빠르고 쉽게 해결되었다.

(학교가 칼레의 사례에 어떻게 대처했는지에 대해서는 315쪽의 「10. 교사의 모욕적인 언행과 폭력도 용납하지 않는다」에서 더 자세히 소개하겠다.)

내가 되고 싶은 부모,
아이가 원하는 부모

부모는 대체로 자신의 생각이나 감정, 특히 '내가 부족한 부모는 아닐까'라는 불안감에 지배당하기 일쑤다. 그리고 그런 생각을 지우려고 애쓴다. 그런데 그 과정에서 '아이에게 무엇이 최선인가'에 초점을 두는 것이 아니라 스스로에게, 그리고 남들에게 자신이 좋은 부모라는 것을 입증하려고 변명이나 궁색한 해결책을 찾는다.

앞의 사례에서 보았듯이 마리아가 부모로서의 이미지나 자신의 감정보다 아이가 더 중요하다고 판단한 순간, 아이와의 관계는 회복되었다. '내가 좋은 부모인가, 나쁜 부모인가'를 혼자 수없이 생각해도 풀리지 않던 문제가 '아이가 왜 그렇게 했을까'에 초점을 맞춘 순간 자연스럽게 해결된 것이다.

좋은 부모는 대체 어떤 부모일까? 돈이 많아서 아이가 원하는 것을 다 해줄 수 있는 부모일까? 아니면 지적 수준이 높아서 아이에게 많은 지식을 알려줄 수 있는 부모일까?

많은 부모들이 가진 좋은 부모의 기준은 서로 겹치기도 하고 차이가 있기도 할 것이다. 그래서 가정마다 교육법도 가훈도 다 다른 것 아니겠는가. 그렇게 부모들은 나름의 원칙에 따라 좋은 부모가 되려고 노력한다.

그런데 과연 아이도 그렇게 생각할까?

많은 부모들이 아이를 사랑하면서도 아이의 입장에서는 생각하려고 하지 않는다. 중요한 것은 아이와의 교감을 통해 아이에게 무엇이 가장 좋은지를 알아내는 것인데도 말이다.

바람직한 육아에 대한 의견은 수없이 많다. 누군가는 아이와 침대에서 같이 자는 것이 좋다고 하고, 또 다른 누군가는 아이가 어릴 때부터 혼자 자는 법을 배워야 한다고 말한다. 공갈젖꼭지가 나쁘다고 하는 사람도 있고 꼭 나쁜 것만은 아니라고 하는 사람도 있다. 다들 저마다의 논리를 가지고 상반된 육아론을 펼친다. 대체 어느 장단에 맞춰야 할까?

사실 아이를 어디에서 재우고, 공갈젖꼭지를 물리고 말고 하는 것들은 그렇게 중요한 문제가 아니다. 아이와의 교감, 소통, 대화를 통해 여러 가지를 시도해보며 해결할 수 있다. 그렇게 하다 보면 아이가 부모와 같이 자는 게 좋은지, 아니면 혼자 자는 게 좋은지 알 수 있다. 예를 들어 아이와 같은 침대에서 자느라 부모가 푹 잠들지 못해 피곤해하고 짜증 내는 일이 많아져서 아이에게 오히려 악영향을 주는 경우라면, 당연히 아이가 다른 침대에서 자도록 훈련시켜야 한다.

아직 아이가 말을 못한다고 해도 마찬가지다. 애매하게 들릴지 모르지만 아이와 '가까운' 부모라면 아이의 생각을 '느낌'으로 알아챌 수 있다. 대충 보면 다 같은 아기로 보일지 모르지만 가까이서 주의 깊게 들여다보면 말 못하는 아기라도 저마다의 개성을 가지고 있으며, 말은 못하지만 다른 방법으로 엄청나게 많은 의사 표현을 한다. 이런 시기일수록 아이와의 교감을 통해 아이가 무엇을 원하는지, 아이한테 무엇이 좋은지를 부모가 알아내는 수밖에 없다.

'나는 어떤 부모가 되고 싶은가?'보다는 '내 아이는 어떤 부모를 원하는가?'에 초점을 맞추면 문제는 의외로 쉽게 해결된다.

부모는 아이 곁을 묵묵히 지키면서 아이가 원하면 언제든 가 닿을 수 있는 존재여야 한다. 아이들은 부모가 언제나 가까이 있다는 것을 알 때 안전하다고 느낀다. 설사 아이의 행동에 화가 나더라도 부모는 아이 곁에 있어야 한다. 그런데 아이에게 초점을 맞추라고 하면 간혹 아이가 원하는 대로 다 해주고 무조건 받아주면서 키우라는 뜻으로 오해하는 사람이 있다.

아이를 제멋대로 키우는 것과 아이에게 초점을 맞추는 것은 전혀 다른 얘기다. 부모도 화를 낼 수 있지만 왜 화를 내는지를 충분히 설명해야 하고, 아무리 화가 나더라도 아이 곁을 지키며 도와주어야 한다는 것을 잊어선 안 된다.

부모가 몸은 같이 있어도 마음이 딴 데 가 있으면 아이들은 금방 눈치챈다. 아이와 함께 있을 때도 휴대 전화를 손에서 놓지 않는 부모들이 있는데, 아이는 부모의 정신이 다른 데 가 있다는 것을 알면 더 큰 상처를 받는다. 지금 당장 꼭 해야 하는 중요한 전화일까? 그렇지 않은 경우가 더 많다. 아이와 함께 있는 시간만큼은 아이에게 집중해야 한다.

아이와 많은 시간을 못 보낸다고 자책하거나 '나쁜 부모'라고 손가락질받을까 걱정하기보다 단 몇 분이라도 아이와 함께 있는 시간에 충실하자. 아이의 말을 경청하고 사랑을 충분히 표현하며 필요할 땐 언제나 달려가 항상 곁에 있다는 사실을 느끼게 해주는 것이 무엇보다 중요하다. 아이가 부모에게 얼마나 소중한 존재인지 그 시간을 통해 증명하는 것이다.

자존감을 키워주는
실질적 지식

지식은 아주 중요하다. 한국처럼 경쟁이 심한 나라에서는 더욱 중요하다. 아이의 두뇌 발달을 위해 부모는 임신했을 때부터 음악, 독서, 심지어 여행까지 하며 태교를 한다. 두세 살부터는 글자와 숫자도 가르치기 시작한다. 요즘은 영어까지 가르친다. 심한 경쟁 때문에 아주 어릴 때부터 공부를 시키는 것이다. 물론 음악과 운동이 두뇌 발전에 좋다고 해서 어릴 땐 바이올린, 피아노, 태권도도 가르친다. 그러나 한국은 대체로 '이론적(theoretical) 측면'에서의 지식에 훨씬 더 초점을 두는 경향이 있다. 왜냐하면 이것이 미래의 성공을 담보할 수 있다고 믿기 때문이다.

누군가 성공한다는 것은 동시에 누군가 '실패'한다는 것을 의미한다. 그게 당신의 아이가 될 수도 있고, 이 경우 어릴 때 열심히 배운 이론적 공부가 쓸모없게 될 수도 있다. 어른들의 욕심으로 온갖 이론적 공부로 점철된 성장기는 정작 아이의 필요와는 거리가 먼, 단지 어른이 되기 위한 수송통로로로밖에 기능하지 못한다.

지식이란 단지 이론적 지식뿐만 아니라 '실질적'(practical, 실제적) 지식도 있다. 실질적 지식이란 주관적이고, 말하지 않고도 서로 이해하는, 암묵적인 지식을 말한다. 이 실질적 지식은 살아가면서 발생하는 어떤 상황이나 체험을 성찰하면서, 그 과정에서 아이 스스로 논리적으로 사고하면서 얻어진다. 사실 우리는 살아가면서 크게 성찰하지 않아도 끊임없이 배운다. 그러나 의식적으로 성찰하고 논리적으로 사고하면 이 실질적 지식이 더 깊어지고 넓어진다. 또 논리적 사고는 분석 능력과 자아의식을 발전시킨다. 그래서 실질적 지식은 독립적 사고와 그에 기초하여 뭔가를 이루고자 하는 자신에 대한 성찰, 즉 자존감에 기초하고 있다. 의무적으로 해야 하는 것과는 거리가 멀다.

초등학교 3학년인 에바의 경우를 예로 들어보자. 에바의 부모는 에바가 열심히 공부하기를 바라고, 에바 역시 집에 와서 열심히 공부한다. 곧 3학년 때 치는 국가시험이 있고 에바의 부모는 에바가 최고의 성적을 받을 수 있도록 평소보다 더 많은 시간을 할애하여 저녁과 휴일에도 공부하게 한다. 그런데 어느 날 에바는 쉬는 시간에 친구들과 놀다 놀이 규칙에 대해 서로 의견이 달라 싸우게 되었다. 에바는 친구들이 편을 짜서 자신을 따돌린다고 생각했고 화가 나서 친구 중 한 명의 모자를 물구덩이에 내동댕이쳤다. 친구 역시 화가 나서 고함을 지르고 울기 시작했다. 교사가 와서 모자를 던지는 것은 잘못이다, 왜 말로 해결하지 못하느냐고 나무랐다. 쉬는 시간이 끝나 아이들은 교실로 들어갔고 교사는 일어난 일을 부모들에게 알렸다. 에바가 집에 왔을 때 엄마는 에바의 행동을 바보짓이라고 나무랐다. 에바는 모두가 날 싫어한다며 울기 시작했다. 에바의 엄마는 "그런 못된 친구들 신경 쓰지 말고 다른 친구들과 놀아. 지금은 공부해야 할 때야"라고 했다. "곧 국가시험이고 넌 최고의 성적을 받아야 해, 그게 가장 중요해!"

위의 경우 에바가 배운 것은 무엇일까? 자신이 어떻게 느꼈는지는 전혀 중요하지 않고 단지 시험만 중요하다는 걸 배웠을 것이다. 학교에서 에바는 외톨이가 되었고, 중학교를 졸업할 때까지 9살 때 싸운 친구들과 종종 신경전을 벌이거나 다시 싸우기도 했다. 당시 상황에 대해서 논리적으로 사고하며 문제를 해결할 기회를 놓쳤기 때문에 친구들 사이에서 갈등이 있을 때 어떻게 행동하는지에 대한 '실질적 지식'을 습득하지 못했기 때문이다. 그날 이후로 에바는 스트레스에 취약해졌고 가끔은 무단결석까지 하며 몇 과목은 아예 낙제 점수를 받았다. 정신적으로 힘들어했고 자해를 하고 자살까지 생각했다.

만약에 에바의 부모가 반대로 당시 에바가 느끼고 경험한 것에 대해 에바의 이야기를 듣고 논리적으로 접근했다면 어떻게 됐을까? 그 싸움에서 에바의 잘못은 무엇이고, 에바가 어떻게 해결하기를 원하는지, 그럴 때 에바와 부모님은 뭘 해야 되는지에 대해 차분히 얘기했다면 어떻게 됐을까? 아마도 에바는 모자를 물구덩이에 던진 것은 잘못이라고 인식하고 다음 날 친구에게 사과했을 것이다. 만약 친구의 부모들도 에바와 에바의 부모와 같이 논리적으로 사고했다면 그 친구도 에바에게 미안하다고 사과했을 수도 있다. 그랬다면 그들은 계속해서 친구가 되었을 것이다. 이런 식으로 대화하고 성찰하면서 획득하는 실질적 지식은 아이들을 자신감 강한 아이로 성장하게 한다. 다시 유사한 상황에 부닥치면 이러한 실질적 지식을 활용하여 스스로 문제를 해결하게 되고 한층 성숙한 사람이 될 수 있다. 이런 대화를 하느라 공부할 시간은 좀 빼앗기더라도 에바는 정신적으로 훨씬 건강하고 자존감이 강한, 자아성찰, 스트레스 해소, 갈등 해결, 분석 능력 등이 훨씬 발전된 아이로 성장했을 것이다.

아마도 에바는 가치 및 규범과 관련이 깊은 윤리 지식(ethical)도 획득했을 것이다. 윤리 지식은 다른 사람과의 관계에서 말과 행동을 어떻게 해야 하는가에 관한 지식이다. 예를 들어 어떤 상황에서 하나의 행동이 어떤 결과를 가져오는지, 다른 아이들은 어떻게 생각하고 느꼈는지, 비슷한 상황에서 어떻게 다르게 행동하면 좋은지 등을 논리적으로 사고하고 얘기 나누며 가르치는 것이 바로 윤리 교육이다.

아이들이 클 때 지식의 여러 측면 사이에 균형을 이루는 것이 중요하다. 어느 시기에 어떤 지식에 더 초점을 둘 것인가는 아이의 발달과정과 상황을 잘 판단해서 해야 한다. 그러니 아이의 이야기를 경청하고 아이의 필요에 부모가 맞추도록 하라.

입보다 귀가 큰
스웨덴 부모

내 아이가 보내오는 신호를
예민하게 알아차린다

우리 부부는 아이들이 말을 하기 전부터 아이들과 대화를 했다. 아이는 무엇인지 얘기해달라는 듯 뭔가를 유심히 보면서 가리키곤 했다. 그러면 남편은 "등", "라디오" 하며 아이가 가리키는 것의 명칭을 알려줬다. 앞서 얘기했듯 한국말을 통한 아이와의 소통은 그리 오래 지속되지 못했지만 스웨덴어로는 대화를 참 많이 나누었다. 그리고 그 대화의 내용은 시간이 지나면서 자연스럽게 발전했다.

아이는 여러 가지에 대해 "왜?", "어떻게?"라는 질문을 하고 또 했다. 우리 부부는 계속 대답해주었고 잘 모를 때는 책을 뒤져서라도 알려줬다. 가끔은 아이가 끊임없이 해대는 질문 때문에 피곤하고 짜증이 나기도 했다. 다른 일도 많고 바쁠 때도 많았다. 하지만 아이에게 그런 기색을 내비치지 않으려고 노력했다. 아이의 질문과 이야기를 경청하고 아이에게 필요한 것을 채워주려고 최선을 다했다.

많은 부모들이 아이들이 성인이 되었을 때 안락하고 성공적인 삶을 살았으면 하는 걱정으로 현재의 욕구는 무시하는 경향이 있다. 무한 경쟁이라는 지독한 시스템 아래서 효율만을 추구하며 쉴 새 없이 달려왔지만 그 결과 행복한 사람은 별로 없다. 한국 학생들의 국제학업성취도는 최상이지만 행복지수는 꼴찌라는 연구 결과가 이를 방증한다.

누구에게나 어린 시절은 그 자체로 고유한 가치를 지닌다. 유아기는 유아기대로, 아동기는 아동기대로, 청소년기는 청소년기대로 의미가 있다. 따라서 아이들의 욕구를 충족시키고 순간순간 최선의 상황을 제공해줘야 하는 시기이기도 하다.

물론 어린 시절에 성인의 삶을 잘살 수 있도록 준비하는 것도 중요하다. 하지만 지금 이 순간, 여기서, 아이들의 욕구를 충족시켜주는 것도 중요하다. 부모라면 아이들에게 사랑이 가득한 환경에서 조화롭게 성장할 수 있는 환경을 만들어줘야 하는 것이다. 두 살, 여섯 살, 열 살, 열다섯 살…… 모든 나이의 아이들이 그때를 가장 행복하게 기억할 수 있도록 말이다!

젖먹이 때는 부모에게 전적으로 의존하는 시기다. 이 시기에 부모는 아이가 뿌리를 내리고 자랄 토양이 되어줘야 한다. 아무 조건 없이 아이를 사랑하고 관심과 호기심을 갖고 아이가 원하는 모든 것을 해줘야 하는 시기다. 그러다 아이가 자라면 부모는 아이를 비춰주는 빛이 되어야 한다. 아이에게 세상이 점점 커지는 시기에, 부모는 아이가 세상을 하나하나 발견하도록 도와줘야 한다는 말이다.

걸음마를 시작하는 한 살부터 신체 활동이 활발한 네 살까지는 아이들이 몸을 가만두지 않고, 호기심도 왕성해진다. 이 나이 때의 아이들은 해도 되는 것과 해서는 안 되는 것의 경계를 알아간다. 그러므로 부모는 아이를 잘 인도해야 한다. 또 아이가 자기 자신에 대해 알아가도록 도와줘야 한다.

다섯 살부터 아이는 다른 아이와 자신을 비교하기 시작한다. 그래서 이 시기에는 아이를 비교하거나 차별하지 않도록 특히 주의해야 한다. 여섯 살은 스웨덴에서는 유아학교, 한국에서는 유치원에 다니는 시기여서, 아이는 자신이 뭐든 할 수 있을 것 같은 기대감에 부푼다. 그렇기 때문에 열 살까지는 아주 뚜렷한 규칙을 세워 아이에게 옳고 그른 것을 알려줘야 한다.

열한 살이 넘어가면 개인차는 있지만 사춘기가 시작된다. 부모보다 친구가 더 중요해진다. 부모의 생각이나 가치관에 의문을 제기하고 부모의 규칙에도 자신의 잣대를 들이대며 비판한다. 스스로 인터넷에서 정보를 수집하기 때문에, 부모로서 아이가 자주 찾는 인터넷 사이트 정도는 알고 있는 것이 좋다.

사춘기의 10대 아이와 대화를 하는 것은 언제나 큰 도전이다. 아이는 부모를 무시하거나 부모가 아예 없는 것처럼 행동하기도 한다. 그런데 그 마음을 들여다보면 정반대인 경우가 허다하다. 사춘기 아이일수록 부모의 관심과 대화를 더욱 필요로 한다. 그러니 계속해서 관심을 보이고, 물어보고 대화하며 다른 방법으로 10대 자녀가 무슨 생각을 하는지 알아봐야 한다. 이 중요한 순간을 손가락 사이로 모래알을 흘려버리듯 놓쳐선 안 된다. 아이와 동등하게, 아이를 존중하는 입장에서 아이의 말을 잘 들어주며 대화를 지속해야 한다.

수많은 10대 아이들이 갖가지 문제와 근심 걱정에 휩싸여 있다. 아이들은 문제를 어떻게 해결할지에 대해 나름대로 생각을 해놓고 부모의 의견이나 조언을 들으려고 한다. 이때 부모의 의견은 아주 중요한 영향을 미친다. 아이의 문제에 단도직입적으로 답을 주려고 하거나, 지나친 우려와 걱정으로 문제를 비약하기보다는 끝까지 들어줘야 한다. 그런 다음 아이가 어떻게 하려고 했는지를 물어보는 것이 좋다. 만약 아이가 해결 방법을 모르고 있다면 같이 고민해서 찾으면 된다.

또 아이에게 무슨 일을 같이 하고 싶은지 물어보고 그에 대한 계획을 세워야 한다. 모든 걸 한꺼번에 다 할 수는 없고 다 들어줄 수도 없다. 아이들이 원하는 게 비현실적인 경우도 있기 때문이다. 그러나 아이와 시간이 맞고 들어줄 수 있는 문제라면 성심성의껏 들어주자. 안 되는 것은 왜 안 되는지 설명해주면 아이들은 생각보다 더 잘 이해한다.

가령 아이가 휴대 전화로 전화를 걸어왔는데 받지 못했다고 가정해보자. 흔한 상황이다. 그런데 별것 아닌 것 같아도 이런 일이 반복되고 아무런 설명도 해주지 않는다면 아이와의 사이에 보이지 않는 벽을 쌓는 원인이 된다. 이럴 땐 전화를 받을 수 없었던 이유를 제대로 설명하는 것이 좋다. 사소해 보일지 모르지만 실질적으로 부모가 언제나 아이와 함께 있다는 것을 느끼게 해줄 수 있기 때문이다.

스칸디 부모의 자격
─사랑, 관심, 경청

스웨덴 친구들에게 스웨덴의 가족 관계를 한 단어로 표현하라고 하면 많은 친구들이 '존중'이라고 대답한다. 존중이라는 말이 너무 추상적으로 들릴지도 모르겠다. 하지만 아이를 존중하는 일은 추상적인 개념이 아니라 현실의 작은 행동에서 시작되는 일상이다. 존중을 실천하기 위해서는 세 가지가 필요하다.

첫 번째는 뭐니뭐니 해도 사랑이다. 부모의 사랑은 아이에게 이루 말할 수 없이 중요하다. 그리고 모든 부모가 잘 알고 있는 사실이기도 하다. 그런데 사랑하는 것만으로는 충분하지 않다. 아이의 어떤 점을 사랑하는지 말해주고 보여줘야 한다.

아이를 키운다는 건 너무 빨리,
그렇다고 너무 뒤처지지도 않게 부모와 자녀가
속도를 맞춰 나란히 걸어가야 하는 긴 여정이다.
그래서 아이의 행복만이 아닌 부모 자신의 행복을 위해서도
노력해야 한다.

아이를 무조건적으로 사랑해야 하지만, 아이의 모든 행동을 받아들이고 원하는 대로 다 해주라는 뜻은 아니다. 아이도 스스로 자신의 일을 고민하고 시행착오도 겪어야 한다. 다만 아이가 실패했을 때도 사랑해야 한다는 의미다. 부모는 항상 아이들이 필요로 하는 자리에 있으면서 아이를 지지하고 인도해야 한다.

　두 번째는 관심이다. 새로운 생명이 탄생했을 때 부모는 이 아이에 대해 완전히 백지상태다. '커서 뭐가 될까?', '어떻게 될까?', '무슨 생각을 하고 무엇을 좋아할까?' 부모는 이런 관심으로 이 작은 아이를 대할 것이다. 그런데 아이가 조금 자라면 부모는 자신이 아이에 대해 전부 안다고 착각하게 된다. 아이가 어떻게 생각하고 왜 그런 행동을 하는지 멋대로 짐작하고 넘겨짚는다. 그러니 처음의 그 순수한 관심을 아이가 자라는 동안에도 계속 유지해야 한다. 물론 부모가 많이 알기야 하겠지만 아이 자신만큼 아이에 대해 잘 알 수 있을까? 아이에게 직접 묻는 것보다 더 좋은 방법은 없다.

　여기서 중요한 세 번째 조건이 바로 경청의 자세다. 아이에게 묻는다고 쉽게 아이의 본심을 들을 수 있는 것은 아니다. 시간을 할애해 충분히 듣고 진솔하게 대답해야 한다. 아이들이 질문을 하면 대화를 통해 부모로서 하고 싶은 이야기도 하면서 아이의 의견과 시각을 신중하게 받아들여야 한다.

　이 세 가지 자세를 갖춰야 진정으로 아이를 존중한다고 말할 수 있다. 특히 경청하는 자세는 간단한 것 같지만 큰 힘을 발휘한다.

부모는
들어주는 존재다

학교 전문 상담사인 나에게 면담을 요청한 중학교 1학년생 벨라는 우울증을 앓고 있었다. 자살을 생각했고 가끔 면도 칼로 자해를 하기도 했다. 이런 경우 대체로 청소년 정신클리닉으로 보내는데 벨라는 클리닉에 가기를 거부했다. 나는 2년 계획으로 일주일에 한두 번 벨라를 만나 상담을 했다.

벨라는 왜 우울증에 걸렸을까? 정확한 원인을 알 수는 없었지만 벨라의 언니도 정신적인 문제가 있었고 여동생도 애를 많이 먹었다고 한다. 벨라의 부모는 이혼을 준비 중이라고 했다. 벨라는 부모의 이혼에 관심이 없는 척했지만 이혼과 이혼 후에 자기가 어떻게 될 것인지에 대해 무척 두려워했다.

부부 사이에 문제가 있을 때 아이들이 걱정할까봐 얘기를 하지 않는 경우가 많다. 하지만 이는 오히려 아이들에게 좋지 않다. 대놓고 이야기하진 않아도 아이들은 금세 눈치 채고 두려워하며 힘들어한다. 그러면서 어디 가서 얘기도 못한다.

가정 내에서 일어나는 문제는 되도록 아이들에게 이야기하는 것이 좋다. 그렇게 하면 아이들은 자신의 두려움이나 아픈 마음을 부모에게 털어놓기도 한다. 가정의 일상적인 결정에 대해서도 아이의 참여를 유도하고 아이의 의견을 반영해야 한다. 자신의 의견을 부모가 들어주고 관심을 보이면 아이들은 자기 의견을 더 솔직하게 말하게 된다.

그러나 벨라는 부모와 이런 문제에 대해 단 한 번도 얘기하지 않았다. 부모는 벨라의 상태가 심각하다고 느꼈지만 어떻게 벨라에게 다가서야 할지를 몰랐다. 벨라는 전문 상담사인 나를 찾아와 마음을 털어놓았다. 나는 벨라에게 이혼이 언제나 나쁜 것은 아니며, 설령 이혼을 한다 해도 아이들은 양쪽 부모와 같이 지낼 권리가 있으니 걱정하지 말라고 다독였다.

또 벨라의 부모를 만나 무슨 문제인지 아이들에게 터놓고 얘기해서 아이들이 불확실한 미래 때문에 두려움에 빠지지 않게 하라고 조언했다. 벨라와 부모가 대화를 나누기 시작하면서 벨라의 우울증 증세도 나아졌다. 3학년이 된 후에는 한 달에 한 번만 상담을 해도 될 정도로 병이 호전되었다.

벨라의 사례를 통해 알 수 있듯이, 아이들이 힘들 때 주위에 마음을 털어놓을 어른이 있다는 것은 대단히 큰 도움이 된다. 그런 어른이 주변에 한 명만 있어도 웬만한 아이는 학교생활을 비롯한 자신의 삶을 능히 헤쳐나갈 수 있다. 그러니 부모로서 항상 명심해야 할 것은 바로 경청하는 자세다. 아이의 말을 잘 들어주고 이해가 되지 않을 때는 아이에게 물어보자. 매 순간 아이를 있는 그대로 맞이하자. 그러면 아이는 스스로 부모의 품에 안긴다.

경청이란 아이들이 말하는 것을 듣는다는 의미만이 아니라, 아이들에게 어떤 욕구와 불만이 있는지, 아이들이 말하지는 않았지만 부모로서 알아야 하는 것이 무엇인지를 파악하는 일이다. 열린 마음과 자세로 질문을 통해 아이의 생각이나 의견에 대해 물어보자. 아이에게 궁금한 점이 무엇인지 의견을 묻고, 생활은 어떤지, 어떤 생각을 하며 지내는지 주기적으로 물어보아야 한다. 그러면 아이가 그동안 말하지 않고 숨기고 있던 고민이나 문제를 알아낼 수 있다.

아이의 모든 행동에는
이유가 있다

 열세 살 리사는 체육 시간에 친구의 신발을 숨겨 친구를 골탕 먹였다. 체육 시간이 끝나고 모두 샤워를 한 뒤 교실로 갈 때 친구는 계속 신발을 찾아 헤맸다. 리사와 다른 두 친구는 마지막으로 샤워실을 떠나면서 실실 웃으며 서로 눈짓했고, 신발을 잃은 여학생은 어쩔 줄 몰라 했다.

체육 선생님이 남아서 울고 있는 그 학생을 발견했다. 그리고 리사와 두 친구, 혹은 그 반의 모든 학생이 연루되어 있다는 사실을 금방 알아냈다. 담임 선생님이 모든 학생과 돌아가며 면담을 했고 리사의 친구는 리사가 이 모든 것을 주도했다고 실토했다. 담임 선생님은 리사를 불러 심각하게 대화를 나누었다. 그리고 이 사실에 대해 부모에게 직접 알리고 확인서를 받아 오게 했다. 리사는 이를 달갑게 받아들이지는 않았지만 집에 돌아가 부모에게 간단히 상황을 설명했다.

이런 경우 부모는 여러 가지 반응을 나타낼 수 있다. 자신의 아이가 저지른 일에 대해 좌절감을 느끼거나 걱정을 할 것이다. '학교 측에선 우리 아이를 어떻게 생각할까, 학업에 부정적인 영향을 미치지는 않을까?' 어떤 부모는 자신을 통제할 수 없을 정도로 화를 내고 고함을 질러댈 것이다. 이 문제에 대해 서로 얘기도 하지 않고 실망감을 안은 채 잠자리에 들 것이다. 그러나 부모가 이렇게 반응할 때 아이는 앞으로 무슨 문제가 생겨도 다시는 부모에게 털어놓지 않게 된다.

리사의 부모는 침착해지려고 노력했다. 우선 친구를 괴롭힌 일은 도저히 용납할 수 없다고 단호하게 말하며, 다시는 그런 행동을 해서는 안 된다고 따끔하게 일렀다. 그러고 나서 물었다.

"어쩌다가 그런 일을 벌인 거니?"

부모는 리사가 그런 행동을 할 아이가 아니라는 것을 알고 있었다. 혹시 어떤 여자애들 그룹에 들어가기 위해, 자기도 나쁜 일을 할 수 있다는 것을 보여주기 위해 한 일일지도 모른다고 생각했다. 그렇다면 문제는 더 커진다. 부모는 당연히 학교에 연락해 상의하고 학교 측에서 이 문제를 해결하게 해야 한다.

알고 보니 리사는 사춘기를 맞이하고 중학교에 들어가면서 좀 더 과감해져야 한다고 믿었던 것이다. 부모는 리사와 함께 무엇이 옳고 그른지, 학교의 규율과 규칙에 대해 오랫동안 얘기했다. 피해자 학생의 입장과 감정에 대해서도 생각해보게 했다. 아이 자신이 무엇을 잘못 생각했는지 이해시켰다.

물론 부모는 아이에게 자신들이 얼마나 화가 나고 실망했는지 설명할 필요가 있다. 그러나 거기서 그치지 말고 아이가 왜 그렇게 했는지 묻고, 어떻게 하면 똑같은 잘못을 하지 않을 것인지를 이야기해야 한다. 모두를 위해, 그리고 문제를 해결하기 위해 부모는 학교와 연락을 취하며 상의하는 것이 좋다. 이렇게 하면 아이는 부모가 자신이 필요로 할 때 언제나 곁에 있다는 것을 느끼고 안심한다. 비록 자신이 잘못했을지라도 부모가 자신을 위해 문제를 해결하려는 모습을 보이면 부모를 신뢰하게 된다.

만약 부모가 아이들한테 예측 불가능한 존재라면, 시간이 있고 기분이 내킬 때만 관심과 지원을 보낸다면, 잘못에 대해 아이들을 나무라기만 한다면, 아이들은 불안해지고 부모와의 마음의 거리는 저만치 멀어지게 된다.

결정하지 말고
인도하라

아이를 키우는 것은 아이들에게 길을 인도하는 것과 같다. 아이들이 뭘 어떻게 할 것인가를 결정해줄 게 아니라 인도한다는 것은 무엇을 의미할까? 아이들을 잘 인도하기 위해선 무엇보다 우선 아이들에게 호기심을 갖고 아이들의 이야기를 경청하고 사랑해야 한다. 인도하는 것은 아이들의 생각, 꿈 그리고 계획에서 출발한다. 그러기 위해서는 대화가 가장 중요하다. 아이에 대한 부모의 생각이 아니라 아이의 '있는 그대로'의 모습에서 출발할 때 비로소 인도가 가능해진다. 부모가 생각하는 아이의 관점에서 출발하면 반드시 어떤 형태의 삶에 아이를 집어넣는 것과 같다.

예를 들어 당신의 생각 속에 아이의 최선이 의사가 되는 것이라면 당신이 알고 있는 의사가 되는 과정 속에 아이를 집어넣게 되고, 의사가 되는 데 불필요한, 시간과 에너지가 드는 다른 모든 활동은 피하게 되어 어딘가 부족한 아이를 만들기 쉽다. 당신의 입장에서 출발하면 자신의 아이가 어떤 아이인지, 어떤 생각을 하는지에 대한 호기심도 없어지게 되고, 아이의 이야기를 경청하지 않게 된다. 이게 정말 아이를 사랑하는 것인가? 아이는 의사가 돼야 한다는 부모의 목표 달성을 위해 노력하겠지만 만약 의사가 되지 않을 경우 부모가 자기를 사랑하지 않는다고 생각할 것이다. 아이의 관점에서 아이를 인도해야 한다. 이것이 진정 아이를 사랑하며 키우는 방법이다.

스웨덴을 비롯한 북유럽에서는 대학이란 단지 공부가 하고 싶을 때 가는 곳이다. 학벌도 없고 일류 대학도 없다. 단지 아이들의 꿈과 그 꿈이 진로와 맞닿을 수 있게 도와주는 교사와 학교가 있을 뿐이다. 단 한 명의 학생도 포기하지 않고, 훈육보단 소통을 중시한다. 존중받는 환경 에서 자라니 교육에 대한 신뢰도가 높고, 자립심과 자존감 높은 어른으로 성장한다.

4부

믿어주고, 기다려주고,
이끌어주는 스웨덴 교육

01

부모를 선택할 수 없기에
교육의 기회는 평등해야 한다

스웨덴은 복지국가다. 교육 복지든 사회 복지든 의료 복지든, 스웨덴이 세계에서 복지제도가 가장 잘되어 있는 나라라는 것은 이미 잘 알려진 사실이다. 이 복지국가에서 교육 복지는 다른 어떤 복지보다 중요한 복지의 근간이다. 모든 교육은 무상이다. 말 그대로 유아학교부터 박사과정까지 개인이 교육비를 부담하지 않는다. 2011년까지만 해도 외국인 유학생들에게까지 대학, 대학원 교육을 무상으로 제공했다. 현재는 법 개정으로 인해 가난하지 않은 나라에서 온 유학생에게는 등록금을 받는 대학이 있다.

이런 복지 철학의 바탕에는 평등사상이 자리하고 있다. '자식은 부모를 선택할 수 없다'는 것이 중요한 기본 전제다. 자식이 부모를 선택할 수 없는데 부모를 잘못 만났다는 이유로 열악한 조건에서

266

성장하도록 놔둬서는 안 된다는 것이다. 그래서 국가는 경제적으로 어려운 부모를 보완해주는 역할을 해야 한다. 소위 말해 '개천에서 용 나게' 해주는 것이 국가의 역할이다. 그래서 스웨덴의 부모들은 자녀교육을 위해 특별히 더 돈을 벌고 저축할 필요가 없다.

또한 스웨덴은 학교 차원에서의 교육 자치가 잘되어 있다. 중앙에는 의회, 정부, 그리고 국립교육청이라는 세 개의 기구가 있고, 그 아래에는 '콤뮨(kommun)'이라는 290개의 지방자치단체(지방정부)가 있다. 그리고 모든 학교는 각각 학교가 위치한 지역의 지방자치단체에 속해 있다. 이들 사이의 역할 분담 역시 효율적으로 잘 이루어진다. 중앙에서 교육 목표를 세우고 방향을 제시하면, 각각의 콤뮨과 학교는 이를 학과목과 수업 계획서에 모두 반영해 교육을 시행한다.

구체적으로 어떻게 교육할 것인지는 지방자치단체와 학교 당국, 교장과 교사들에게 달려 있다. 이에 대해 중앙에서는 개입하지 않는다. 교육을 시행하는 지방자치단체와 교장, 교사들을 신뢰하는 것이라고 볼 수 있다. 중앙에서 세워놓은 교육 목표를 달성할 수 있다면 어떤 교수 학습 방법에 따라 교육하든 그것은 교사들의 권한이자 책임이다. 돈을 얼마나 투자하든지, 학교를 어떻게 짓든지, 교장을 어떤 사람으로 채용하든지, 어떤 교수법을 적용하든지, 어떤 교재를 쓰든지, 그 모든 것을 콤뮨과 학교의 재량에 맡긴다.

스웨덴의 콤뮨은 징세권을 가지고 있다. 그래서 스웨덴 국민 대부분이 내는 소득세는 지방정부로 들어간다. 중앙에서 걷는 세금은 간접세, 기업세, 특별세 등과 일부 고소득자들에게 걷는 부유세 정도다. 콤뮨 정치인들은 자신들이 걷은 세금과 정부가 콤뮨에 재교부하는 세금으로 교육, 사회복지 등의 각 분야에 얼마나, 어떻게 쓸 것인지를 알아서 결정한다. 이런 재정적인 자율권이 있기에 학교 차원에서의 교육 자치가 가능한 것이다.

그런데 한국의 실정을 보면, 지방교육청에 들어오는 예산의 대부분이 정부에서 나온다. 2008년의 경우, 전체 교육 수입의 73%가 중앙정부에서 걷은 세금으로 지방에 교부하는 금액이었다. 이처럼 한국의 교육 재정은 스웨덴의 경우보다 경제성장과 더 밀접하게 맞물려 있다. 경제성장률을 5%로 잡았는데 만약 3%에 그치면 교육에 배당되는 예산은 그야말로 몇천 억이 줄어들게 된다. 들어오는 수입이 줄어드니 사업을 그만큼 줄여야 하는 상황이 닥친다.

스웨덴에서는 중앙정부와 콤뮨, 학교의 뚜렷한 역할 분담과 안정적인 재정이 학교 차원에서의 교육 자치를 가능하게 한다. 학교에 각종 명목으로 돈을 내고 엄청난 사교육비까지 부담해야 하는 한국 부모들을 보면 안타깝고 슬픈 생각마저 든다. 교육은 결국 정치와 연관되어 있다는 것을 많은 부모들이 알았으면 한다. 나의 능력과 관계없이 내 자식이 평등한 기회를 갖기 위해서는 국가와 정치의 역할이 중요하다.

학력이란 암기력이 아닌 비판력과 창의성

    (남편의 이야기) 스웨덴과 한국의 교육에서 가장 큰 차이점은 무엇을 어떻게 가르치느냐 하는 것이다. 한국에서 공부를 잘하는 학생은 교재를 읽고 잘 요약하고 정리해서 외운 다음, 시험에서 정답을 잘 맞히면 된다. 즉 교재에 정답이 있고 그 정답을 잘 외우면 공부 잘하는 학생이 된다. 그런데 스웨덴 학교에서 요구하는 것은 그런 공부가 아니다. 물론 교재를 잘 읽고 이해해야 한다. 그러나 거기서 멈추지 않고 교재의 내용을 비판적으로 분석하고, 종합하며, 평가해서 자신의 생각으로 정립해야 한다. 남들이 생각하지 못한 것을 문제로 제기하고 해결하는 능력을 요구한다. 언제나 정답이 있고 누가 얼마나 많은 사실을 암기하느냐에 달린 한국의 교육과는 판이하다.

내가 스톡홀름 대학 정치학과 박사과정에 입학했을 때, 박사과정에 들어오고도 첫 두 코스에서 잘해내지 못하면 퇴출을 당하는 불문율이 있었다. 그 중요한 두 코스 중 하나는 15학점짜리 '정치이론'이었고 다른 하나는 똑같은 학점의 '양적방법론'이었다. 어느 한 코스를 어중간하게 하면 다른 한 코스는 기가 막히게 잘해야 했다. 정치이론 강의 때 있었던 에피소드는 한국 교육과 스웨덴 교육의 차이를 극명하게 보여주는 것으로, 우리가 꼭 고민해봐야 할 문제이다.

정치이론 과목은 국가, 민주주의, 정의, 평등, 자유주의, 마르크시즘, 페미니즘 등 그야말로 정치이론과 정치철학에서 중요한 부분을 총망라한 과목으로 읽어야 할 교재도 엄청났다. 열 권이 넘는 교재에다 세미나 시간마다 받는 프린트로 된 교재까지 합치면 정말 많은 양을 읽고 소화해내야 했다. 또한 논문을 제대로 써보지 못한 나에게는 '코스 페이퍼(course paper)'에 대한 부담도 말할 수 없이 컸다. 나는 매일 밤을 새우다시피 하며 교재들을 읽고 정리했다.

그런데 수업은 내가 생각했던 것과는 너무나 딴판이었다. 교수는 강의를 하지 않고 그냥 주제 하나를 던져주고는 토론을 진행시켰다. 스웨덴어 독해가 약한 나에게는 무척 힘든 수업이었다. 그 어려운 정치이론을 이해하기도 힘든 데다 토론에 끼어들기란 아예 불가능했다. 좌절감은 이루 말할 수 없었다. 나는 읽고 또 읽고, 듣고 또 들으며, 이해하고 따라가려고 노력했다.

그래서인지 민주주의 부분을 다룰 때는 뭔가 좀 이해가 되는 것 같았다. 어느 날, 이 수업에서 한 친구가 직접 민주주의에 대해 문제를 제기하고 토론을 했다. 어느 교재의 몇 페이지부터 몇 페이지 사이에 답이 있는 것 같았고, 그다음 친구가 질문을 제기한 자유주의적 민주주의에 대한 답은 다른 책 어딘가에 있는 것 같았다.

나는 용기를 내어 손을 들었다. 언제나 아무 말 없이 조용히 앉아 있던 동양 학생이 손을 드니 교수가 놀라며 내게 발언권을 줬다. 사실 다른 학생들은 발언권을 얻지도 않고 자연스럽게 토론에 끼어드는데 나는 그것조차 하지 못한 것이다. 나는 "네가 토론하는 문제는 이 책에 답이 있고 네가(다른 친구가) 제기하는 문제는 여기에 답이 있는데 무슨 토론을 그렇게 많이 하니? 너희는 책도 읽지 않았니?"라고 쏘아붙였다. 교실이 찬물을 끼얹은 듯 조용해졌다.

그런데 그때 놀란 기색이 역력한 교수가 "그럼 학생은 이 문제에 대해 어떻게 생각하나?"라고 내게 질문했다. 나는 교수의 질문에 아무 대답도 하지 못했다. 얼굴을 들지 못할 정도로 창피했다. 다른 학생들이 조용해진 이유도, 내가 책을 열심히 읽고 문제를 잘 파악해서가 아니라 내가 토론에 끼어들지 못하고 토론이 어떻게 돌아가는지도 이해하지 못한 채 그런 터무니없는 코멘트를 했기 때문이었다.

교수의 질문은 나에게 충격이었다. 한국에서 공부를 잘하는 학생이란 교재(교과서)를 열심히 읽고 잘 정리해 시험을 잘 치는 학생이다. 반면 스웨덴의 학교에서 요구하는 공부는 그런 것이 아니었다. 많은 책과 이론을 읽고 소화하고, 비판적으로 분석하고 종합하고 평가해 자신의 생각으로 정립할 것을 요구했다. 남들이 생각하지 못한 것을 생각하도록 독려했다. 나아가 다루는 주제(민주주의론)와 인접한 다른 주제(국가론)와의 관계에 대해서도 꿰뚫고 있을 것을 요구했다. 언제나 정답이 있는 공부, 사실(내용)을 많이 암기하는 공부하고는 너무나 거리가 멀었다.

나는 그날 이후로 책 읽는 방법을 완전히 바꾸었다. 책을 읽으며 한 줄 한 줄에 끊임없이 "왜?"라는 의문을 제기했다. 왜 저자는 이렇게 생각하지? 왜 저자에게는 이 문제가 이렇게 중요하지? 왜 저자는 이 결론을 도출하기 위해 이런 과정을 거쳤을까? 어떻게 해서 저자는 이런 생각을 해냈을까? 알고 보면 이렇게 간단하고 명쾌한데 왜 나는 이런 생각을 못한 것일까? 왜 나는 남들보다 언제나 한 발짝 늦게 깨달을까?

내가 만나는 모든 교수들에게도 염치 불고하고 "왜?"라는 질문을 계속 던졌다. 집에서도 그랬다. 이런 혹독한 훈련을 4~5년쯤 했을 즈음 비로소 책과 이론, 학문의 세계에 조금씩 눈이 뜨이기 시작했다. 교수의 그 충격적인 질문이 없었다면, 또 그것을 제대로 이해하지 못했다면 나에게는 박사학위 논문도 없었을 것이고 스웨덴에서의 생활도 피곤하기 짝이 없었을 것이다. "어떻게 생각하는가?"라는 질문과 "왜?"라는 질문이 그 후의 내 인생을 구했다.

스웨덴에서는 정도의 차이는 있지만 초등학교에서부터 이런 방식으로 수업한다. 한국 교실에는 사실을 중심으로 한 '가르침'이 있고 스웨덴 교실엔 문제를 중심으로 한 '배움'이 있다. 예를 들어 프랑스 혁명에 대해 배운다고 가정해보자. 한국 학생은 '프랑스 혁명이 언제 일어났고 혁명을 일으킨 사람들의 이름은 무엇이냐'를 공부하지만, 스웨덴 학생은 '왜 일어났느냐'를 공부하며 혁명을 어떻게 분석할 것인가에 대한 방법론은 배운다.

　　사실 위주의 주입식, 암기식 공부가 아니라 문제 위주의 교육, 지식 그 자체보다는 지식으로 가는 길, 즉 방법론을 배우는 교육, 바로 이러한 교육이 학생들을 독립적이고, 비판적이며, 창의적으로 만드는 것이다. 한국에서 이렇게 아이들을 교육하려면 필연적으로 교수법, 학습과 평가 방법에서의 혁신이 일어나야 한다.

　　스웨덴에서 박사과정을 거쳐 학위를 받고, 강의교수, 연구원을 역임하며 가장 부러웠던 점은 어떻게 해서 스웨덴 학생들은 그렇게 논문을 잘 쓸 수 있을까 하는 것이었다. 어떻게 해서 스웨덴 학생들은 짜깁기를 하지 않고 스스로 고민한 흔적이 역력한 독창적이고 창의적인 논문을 쓸 수 있을까 하는 의문이 들었다. 이러한 의문은 학교에서 아이들에게 내주는 숙제와 시험문제들을 보고 자연스레 풀렸다.

　　어느 중학교 2학년 학생이 집에서 연구해 제출해야 하는 사회 과목 숙제는 다음과 같았다.

"중남미 나라 중 두 나라를 선택해 미국과의 관계가 어땠는지를 규명해보라."

주제가 너무 광범위하고 형식의 제한이 없어 중학생들이 과연 어떻게 소화해낼지 궁금했다. 그런데 아이들의 결과물을 보고 놀라지 않을 수 없었다. 한 학생은 니카라과와 과테말라를 선택해 미국과의 관계를 조명했다. 열 권 가까이 책을 읽고 논문을 썼다. 열 권의 책 중 한 권은 박사학위 논문이었다. 물론 열 권의 책을 다 정독하지는 않았겠지만, 이 학생은 필요한 부분을 찾아내 읽는 능력도 이미 갖추고 있었다.

독서량도 대단했지만 이 중학생의 결론이 너무 예리하고 독창적이어서 충격을 받았다. 미국은 이 두 나라에 좌파 정부가 들어서면 무슨 일이 있어도 이들 정부를 타파하려고 노력한 반면, 우파 정부가 들어서면 마약 같은 수단을 동원해서라도 이들 정부를 지원했다는 것이다.

어느 고등학교 2학년 학생들에게 주어진 논문 과제도 흥미로웠다. 국어(스웨덴어), 사회, 역사, 이 세 과목을 통합한 학기말 논문의 주제는 "역사적인 사실에 기초하여 국가주의(nationalism)가 어떻게 표출되었는지를 연구하라"였다. 이 논문으로 세 과목의 성적이 결정되니 매우 중요한 과제였다. 그런데 학생들이 쓴 글들을 보며 나는 감탄하지 않을 수 없었다. 한 학생은 '9·11 테러 사건 이후 미국의 국가주의는 어떻게 변화했는가'를 논문으로 썼다. 미국 공항에서의 검문 검색의 방식과 정도가 어떻게 달라졌고 얼마나 엄격해졌는지를 연구한 내용이었다.

또 다른 학생은 '중국과 일본의 관계 속에서의 국가주의'를 연구했다. 이 논문은 특히 나의 눈길을 끌었다. 이 학생은 2010년 9월, 대만 동북쪽에 있는 센가쿠열도(중국명은 '댜오위다오')에서 일어난 역사적인 사건을 소재로 다루었다. 그곳에서 중국 어선과 일본 순찰함이 충돌한 사건이었는데, 당시 일본은 중국 어선을 나포하고 선원들을 억류했다. 중국의 강한 반발과 비난 섞인 국제 여론으로 얼마 후 배와 선원들을 풀어줬지만 선장은 계속 억류했다. 그러자 이번에는 일본에서 대규모 시위가 일어났다. 일본 영토를 침범했는데 너무 쉽게 풀어줬다며 반대하는 시위였다. 양국 사이에 상호 비난이 난무했고, 양국 외무부 장관들은 당시 동남아시아국가연합(ASEAN) 회의에 참석해서도 서로 인사조차 하지 않고 외면했다. 결국 일본이 중국 선장을 풀어주면서 문제는 해결됐다.

아시아에서 일어난 이 사건은 지구 반대편의 스웨덴 일간지에 가끔 실렸는데 이 스웨덴 고등학생은 그 기사를 간과하지 않은 것이다. 이 학생은 공격적, 방어적 국가주의 개념을 도입해 이 사건을 설명하면서 그 조그만 충돌 사건이 어떻게 그토록 비화되었는지를 분석했다. 이를 위해 1930년대에 일본이 20여만 명의 중국 양민을 살해한 난징대학살까지 거슬러 올라갔다. 그 사건으로 양국 사이의 민족 감정에 응어리가 졌고 언제나 대국임을 자처하던 중국은 일본과의 전쟁에서 패함으로써 자존심에 큰 상처를 입었다. 또한 일본은 2차 세계대전 후 본국이 일으킨 침략 전쟁에 대해 이웃 국가들에게 제대로 사과조차 하지 않았다. 이런 점들이 모두 그 사건을 비화시키는 데 일조했다는 것이 이 학생의 결론이었다. 더욱 인상적이었던 것은 중국과 일본의 자료들이 객관성을 잃었다며 스웨덴이나 미국, 러시아 등에서 나온 영어, 스웨덴어 자료를 주로 참조했다는 것이다.

게다가 이 과제는 논문 작성으로 끝나지 않았다. 학생들은 자기 논문을 발표하고 모든 학생은 또 다른 학생의 논문을 비판해야 했다. 이때 중요한 것은 어떻게 하면 논문을 더 발전시킬 수 있느냐에 비판의 초점을 둬야 한다는 점이었다.

한국 학생들은 사실을 많이 외우는 것을 공부라고 여기는 반면, 스웨덴 학생들은 이렇게 문제 중심의 연구를 중·고교 때 공부로, 지식으로, 학문으로 생각하고 배운다. 중·고교 때 이렇게 훈련을 잘 받으니 대학에서 논문을 쓰는 일이 그렇게 어렵지 않은 것은 너무나 당연했다. 이것이 바로 독립적, 비판적, 창의적 교육이다. 학생 스스로 생각하고 비판적 시각으로 세상과 현상을 보고 독창적인 논문을 쓰는 것이 스웨덴 학생들의 강점이자 경쟁력이다.

여기서 꼭 짚고 넘어가야 할 교육의 본질적인 문제가 몇 가지 있다. 먼저 스웨덴 교육은 학생들의 독립심, 비판력, 창의력을 길러주는 교수법과 학습 방법, 학력평가 방법에 초점을 두고 있다. 수업 시간에 학생들의 참여를 이끌어내는 토론·토의식 수업, 학생들이 서로 배우고 가르치는 '동료 효과'를 이끌어내는 협력 수업, 주제나 문제를 중심으로 하는 프로젝트 수업, 나아가 여러 과목을 묶어서 강의하는 융합 수업까지 하고 있다.

여기서 이러한 수업을 가능하게 하는 것이 바로 학력평가의 방식이다. 시험도 한국의 오지선다형과 같은 선택형의 객관식 문제는 아예 없고 서술형, 논술형 시험이 주를 이룬다. 또 한국의 기말고사나 수능시험과 같은 결과 중심의 시험이 아닌 과정 중심의 수행평가로, 평소에 교사가 과제로 내주는 작문이나 논문 작성 실력이 성적에 매우 비중 있게 반영된다.

스웨덴 학교에서는 교사의 수행평가가 학생들의 성적에서 가장 중요한 부분을 차지한다. 학생들의 학력평가에 대한 절대적인 권한이 교사에게 있고 학부모들은 이런 권한을 존중하기 때문이다. 한국에서처럼 변별력과 공정성에 대한 학부모들의 과도한 요구 때문에 선택형 시험을 시행해야 하는 불행은 없다.

스웨덴 교육청에서도 채점 시간을 줄이고 변별력과 공정성을 위해 선택형 시험문제를 내야 하지 않느냐는 말이 나온 적이 있었다. 그러나 결론은 언제나 같았다. 변별력과 공정성이라는 가치도 중요하지만 학생들의 이해력, 비판력, 창의력, 분석하고 종합하는 능력 등을 키워주고 이를 통해 학생들의 지적 발달을 도모하는 일이 훨씬 더 중요하다는 것이다.

한국의 학부모들과 교육계도 이 문제를 심각하게 고려해주었으면 한다. 선택형 문제 위주의 시험보다는 학생들의 비판력과 창의력을 키우는 평가 방식을 도입하고 이를 계기로 교수법과 학습 방법에 혁신을 일으켜야 한다. 이렇게 할 때 한국의 교육도 전근대적인 주입식, 암기식 교육에서 탈피할 수 있을 것이다.

03

스웨덴에도 일제고사가 있다

한국에서는 현재 중학교 3학년, 고등학교 2학년 학생들 모두를 대상으로 동시에 실시되는 학업성취도평가(소위 일제고사)가 문제로 떠올랐다(2012년까지만 해도 초등학교 6학년 대상의 일제고사도 실시되었으나 극심한 비난 여론 끝에 2013년에 폐지되었다). 이러한 학업성취도평가의 취지는 국가 차원의 평가를 통해 중·고교 교육과정의 목표를 학생들이 얼마나 성취하는지 파악해서 부진한 학생을 지원하고 학력 격차를 해소하자는 것이다. 그러나 이러한 취지와는 달리 학생들에게 부담을 주고 학교 서열화 등의 문제를 불러일으키며 학교의 지원도 제대로 이루어지지 않는다는 비판의 소리가 높다.

그런데 스웨덴에도 이와 같은 일제고사가 있다. 취지도 유사하다. 학업성취도를 조사하고 연구하며 학생들을 지원하기 위해서다.

현재 초등학교 3학년과 6학년, 중학교 3학년 그리고 고등학교의 몇 과목에 대해 치러지고 있고 과목도 한국보다 훨씬 많다. 예를 들어 초등학교 6학년과 중학교 3학년은 스웨덴어, 수학, 영어를 매년 치러야 한다. 그리고 이 세 과목 외에 자연과학의 생물, 물리, 화학 중 한 과목, 사회과학의 지리, 역사, 종교·사회 중 한 과목을 매년 치르게 된다. 자연과학과 사회과학 중 어느 두 과목을 칠 것인가는 국립교육청이 결정하고 시험일 약 3주 전에 국립교육청이 학교로 통보한다. 3주 전에 통보하는 이유는 이보다 더 일찍 알렸을 때 학교에서 그 해당 과목을 과도하게 집중적으로 공부시키는 폐단을 막기 위해서다. 또 고등학교에서는 스웨덴어, 수학, 영어 시험을 수준별로 치른다.

이런 일제고사에 대해 스웨덴에선 거부반응이 거의 없다. 교사들은 오히려 환영하는 입장이다. 가장 큰 이유 중 하나는 이 일제고사 문항들이 교육과정을 구체화하는 데 도움을 주기 때문이다. 스웨덴의 교육과정은 구체적이기보다는 각 과목마다 보편적인 가치 추구에 초점을 두고 있다. 무엇을 가르칠 것인가가 그렇게 뚜렷하지 않다는 얘기다. 정해진 교과서도 없고 교재는 교사의 재량에 따라 선택하거나 자신이 만든 교재를 사용할 수도 있다. 스웨덴의 교육과정은 교사 개개인의 차원에서 구체화하는 데 어려움이 있다. 그런데 스웨덴의 일제고사는 좀 더 세부적으로 무엇을 가르칠 것인가에 대한 지침을 주는 셈이어서 교사들이 환영하는 것이다.

일제고사의 결과는 여러모로 활용된다. 일제고사의 성적은 최종 성적과의 관련성을 분석하는 데 좋은 참고 자료가 되며, 초등학교 3학년 때 보는 일제고사(스웨덴어와 수학)의 결과는 성적에 따라 학교에서 특별한 지원을 할 것인지를 결정하는 공식적인 자료가 되기도 한다. 일제고사 결과가 학생들의 학업성취도 연구에 많이 활용되고 있다는 말이다. 그러나 한국에서처럼 학생별, 학교별로 서열화하지는 않는다.

스웨덴의 사례를 보면 일제고사라고 해서 무조건 문제가 있는 것은 아니라는 사실을 알 수 있다. 일제고사를 어떻게 활용하느냐가 더 중요하다. 특히 시험 문항에 따라 학생들의 발전에 매우 다른 영향을 미칠 수 있다. 예를 들어 중학교 3학년이 되자마자 치르는 스웨덴어 일제고사는 세 개의 부분으로 나뉘어 있다. 우선 A시험은 15쪽에 달하는 자료집을 읽고 24개의 단답형, 서술형, 논술형 문항에 답하는 것이다. 이 자료집은 시, 소설, 수필, 논설, 영화 감상문, 광고문 등 여러 형태의 글로 구성되어 있다. 그 문항들을 몇 가지 소개해보겠다.

첫번째 문항은 터키에서 이민 온 학생의 시 한 편을 읽고 답하는 것으로, 시의 내용은 아래와 같이 정체성에 관한 것이다.

나는 외국인인 동시에 스웨덴 학생이다
나는 다혈질의 터키인인 동시에 안정적인 스웨덴 사람이다

나는 마늘을 먹고 스웨덴 전통 음식을 먹는다

나는 하지(夏至)가 되면 스웨덴 전통 춤을 추고…

(…)

여기에 주어진 문항은 "이 시와 잘 어울리는 글이나 그림을 선택하고 왜 그것을 선택했는지 서술하라"이다.

또 다른 문항은 먼저 소설의 일부분을 제시한다. 소설 속 주인공 세 명이 차를 훔치는데 두 명은 잡혀서 징역형을 선고받고 나머지 한 명은 도망친다. 그런데 잡힌 두 명과 차를 도둑맞은 사람조차 그 한 명에 대해 언급하지 않는다. 여기서 문제는 "왜 다들 그 아이에 대해 알면서도 모른 척했는지 이유를 대라"는 것이다.

마지막으로 소개하고 싶은 문항에서는 〈라 솔라〉라는 영화에 관한 평론을 제시한다. 이 영화는 멕시코의 어느 도시에서 일어난 사건을 다루고 있다. 이 도시는 담 하나를 사이에 두고 담 안쪽에는 부자 동네, 담 밖에는 빈민가가 자리하고 있다. 담 위로는 고압의 전류가 흘러 담 안으로 들어오지 못하게 해놓았다. 그런데 어느 날, 세 명의 청소년이 도둑질을 하려고 담을 넘었다가 발각되어 총격전이 벌어진다. 경비 한 명과 집주인이 죽고 담을 넘은 세 명의 청소년 중 두 명도 사살된다. 한 명은 도망쳐서 어느 집 지하실에 숨었는데 그곳에서 또래의 소년을 만나게 된다. 그러다 결국 부자 동네 사람들한테 잡혀 거리에서 맞아 죽는다.

시험 문항은 "이 영화에 대해 어떻게 생각하는지 논의하라", 그리고 "이 영화 평론에서 평론가의 관점이 가장 잘 드러난 부분을 찾아라"이다.

B시험은 두 명의 학생이 한 조가 되어 녹음된 내용을 듣고 들려주는 주제에 대해 상의한 후 발표하고 토론하는 시험이다. 이해력과 논리력, 발표력은 물론 얼마나 협력을 잘하는지도 평가할 수 있다.

마지막으로 C시험은 작문 시험으로, 전국의 중학교 3학년 학생들이 동시에 치른다. 시험 문항은 네 개이고 그중 하나를 택해 180분 동안 작문을 하는 것이다. 시험 문항은 다음과 같다.

1. 나이를 제한하는 규정이 있어 나이에 따라 할 수 있는 일과 할 수 없는 일이 정해져 있다. 다음은 투표할 수 있는 연령을 18세 이상에서 16세로 낮추는 논쟁에 관한 어느 지방 신문의 기사다. 이 논쟁에 대한 당신의 생각을 논하라.

2. 불가능은 없다. 가끔은 불가능하다고 생각했던 것이 가능해질 때가 있다. 예를 들어 어느 날 10km를 달릴 수 있게 되거나 오랫동안 가졌던 두려움을 극복할 수도 있다. 한 출판사에서 한계를 극복한 10대들의 수기를 모아 책으로 내려고 한다. 이 책에 실을 만한 당신의 수기 한 편을 써라.

3. 분산되고 분열된 사회보다 하나로 뭉친 사회가 좋다. 하나의 공동체를 형성하기 위해 수상이 젊은이들을 대상으로 프로젝트 아이디어를 공모한다. 수상에

게 보낼 편지를 써라.

4. 우리는 언제나 구분하며 살아간다. 남성인지 여성인지, 스웨덴 사람인지 외국인인지, 이성인지 동성인지, 10대인지 성인인지 등. 어느 젊은 독자 대상의 잡지에서 사람들을 여러 부류로 구분할 필요가 있는지, 구분하는 것이 좋은지 나쁜지에 대한 글을 공모하고 있다. 이 잡지에 보낼 당신의 주장을 써보라.

이 네 개의 문항에서 하나를 선택해 작문해야 한다. 선택할 수 있는 네 개의 문항에서 요구하는 글의 종류도 제각각이다.

일제고사는 교육과정을 구체화한 좋은 예를 제시하므로 교수법을 정하는 데 좋은 길잡이가 되어준다. 또 이러한 문항들은 어느 교재에 나와 있는 것이 아니라, 교육과정이 추구하는 목표에 맞춰 여러 명의 교수와 교사들이 심혈을 기울여 고안해낸다. 스웨덴은 이런 시험을 통해 학생들의 논리력, 분석력, 종합력, 비판력, 창조력을 키워주려는 것이다.

수학 문제도 마찬가지다. 단순한 풀이를 요구하는 문제가 그렇게 많지 않다. 한국에서의 수학 문제는 '1+1=( )'라는 식이 대부분일 것이다. 즉 정답이 단 하나인 경우가 많다. 하지만 스웨덴의 수학 문제는 '( )+( )=2'라는 식이다. 괄호 안에 들어갈 수 있는 답은 단 하나가 아니라 무한대다. 이런 문제를 통해 학생들을 생각하게 만든다. 뿐만 아니라 정답이 없는 문제도 출제된다.

스웨덴의 일제고사 시험 문항들이 학생들의 사고력, 비판력, 창의력을 키우기 위해 고안되었다면 앞에서도 얘기했듯이 한국의 시험 문항들은 대체로 객관식이다. 변별력과 공정성을 확보한다는 명목에서다. 이것의 이면에는 부모들의 강한 요구가 감춰져 있다. 물론 두 나라 모두 일제고사를 통해 학력을 평가한다. 그러나 학습 능력을 바라보는 시각의 차이가 크다.

구체적인 지식 그 자체만큼이나 알고 싶다는 열망을 자극하고 호기심을 일깨우는 것이 중요하다. 스웨덴에서는 지식은 늘 변하는 것이기 때문에 지식으로 가는 길, 즉 방법론을 배우는 것이 무엇보다 중요하다고 생각한다. 그래서 학생들이 지식을 찾도록 자극하고, 찾은 지식을 비판적인 시각에서 평가하게 한다.

언제나 날카로운 시각으로 사물과 현상을 바라보며 모든 것에 의문을 제기하도록 가르친다. 이런 단계 없이는 학생들의 논리력과 창의력은 발전할 수 없다고 생각한다. 즉 학생들이 교재와 자료를 읽고 분석하고 평가하며 자신의 생각과 논리를 세워나가게 하는 것이 스웨덴의 교육이다.

04

스웨덴 학생들의 방과 후

스웨덴에는 한국에 있는 것과 같은 학원들이 없다. 그뿐만 아니라 방과 후 학교도 없다. 학교에서 정규 수업을 마친 아이들은 곧장 집으로 돌아간다. 단, 초등학교 1학년부터 4, 5학년까지의 학생들에게는 원하는 학생에 한해 학교에서 '방과 후 활동(또는 학교)'을 제공해야 한다.

특히 초등학교 저학년 학생들은 수업이 일찍 끝나는데 부모들은 대개 맞벌이 부부여서 하교 시간에 맞춰 퇴근하기가 어렵다. 이런 문제를 해결하기 위해 스웨덴의 교육법은 '부모가 직장에 다니거나 공부를 하는 경우, 혹은 아이들에게 필요하다고 판단되는 경우 학교에서 방과 후 활동을 제공해야 한다'고 명시하고 있다.

방과 후 활동은 학생들에게 교육적인 활동의 기회를 제공해 학교 수업을 보완하고, 의미 있는 자유 시간을 통해 학생들의 발전에 기여해야 한다. 대체로 놀이라든지 신체 활동, 연극, 춤, 미술, 음악, 목공, 도자기, 소풍, 지역사회 방문 등의 다양한 활동으로 호기심을 유발하고 재미와 자극을 준다. 이런 방과 후 활동은 학교 정규 시간의 예체능 수업 외에 취미와 적성 활동을 돕는다.

취미 활동으로 스웨덴 아이들이 많이 하는 것은 각 지역의 스포츠 클럽들이 진행하는 축구, 아이스하키, 테니스, 탁구, 골프, 승마 등의 운동이다. 남자아이들은 어릴 때 대체로 축구와 아이스하키를 다 해본다. 여자아이들은 승마를 즐긴다. 우리 아이들도 어릴 때 이런 클럽에 들어가 운동을 했다. 첫째 아이는 축구와 유도를 했고, 둘째 아이는 축구, 아이스하키, 테니스, 타이복싱 등 거의 모든 운동을 섭렵했다. 막내딸은 어릴 때부터 고등학교를 졸업할 때까지 거의 매일같이 승마를 즐겼다. 일주일에 한두 번씩 저녁식사 후에도 이런 취미 활동을 하는 경우가 많다.

한국 학생들이 방과 후 학교나 학원에서 공부를 할 때, 스웨덴 학생들은 예체능의 취미 활동을 주로 한다. 특별한 재능을 보이는 자녀들에게 기타, 피아노 등 음악 분야의 개인 지도를 받게 하는 부모도 있다. 그러나 이런 경우는 아주 드물다. 대체로 학교 음악 시간에 거의 모든 악기를 다루고, 그것으로 부족하면 지방정부에서 운영하는 음악 학교에서 악기를 빌려 저렴한 가격으로 개인 지도를 받을 수 있기 때문이다.

우리 두 아들도 기타를 배우고 싶다고 해서 지방정부의 음악 학교에서 잠시 배운 적이 있다. 그리고 다른 사람의 집에서 막내딸이 피아노를 치는 모습을 보고 아이가 음악에 재능이 있나 싶어 피아노를 구입하기도 했다. 개인 지도를 시키려고 했더니 딸아이는 개인 지도는커녕 피아노 앞에 앉는 것조차 거부했다. 결국 그 피아노는 애물단지가 되어 집 한구석에서 먼지만 뒤집어쓴 채 놓여 있다가 이웃에게 공짜로 줘버렸다.

스웨덴 아이들은 뭐든 자기가 하고 싶어야 한다. 하기 싫어하는데도 강요할 수 있는 분위기가 아니다. 둘째 아이도 운동에 재능이 많은 것 같아서 여섯 살에 시작한 아이스하키를 계속하길 바랐지만 아홉 살쯤에 그만두었다.

둘째 아이의 아이스하키 팀이 시합에서 질 때면 아이의 절친한 친구는 온갖 투정을 부리며 울곤 했다. 그런데 우리 아이가 그 모습을 보더니 "쟤네 집 이번 주말 분위기 다 망쳤네"라고 말했다. 또 그 친구와 친구의 부모가 아이스하키에 모든 것을 쏟아붓는 모습을 보고는 "저렇게 아이스하키에 전념하다가 미국 프로 선수가 못 되면 어쩌려고?"라고 했다. 아이의 말을 들으며 우리 부부는 '얘가 어려도 세상을 꿰뚫어 보고 있구나' 하는 생각이 들었다. 그래서인지 아이가 아이스하키를 그만두려고 할 때는 설득해봤자 소용없겠구나 하는 생각이 들었다.

이처럼 스웨덴 학생들은 교과 공부의 연장인 방과 후 활동이 아니라 '자유 시간을 얼마나 의미 있게 사용하는가'에 초점이 맞춰진 방과 후 활동을 한다. 강제가 아닌 자율, 스트레스가 아닌 자유가 스웨덴 학생들의 방과 후를 의미 있고 풍요롭게 만든다.

05

민주주의와 상호 존중의 초석을 다진다

스웨덴 교육법에서는 "교육은 학생들에게 인권과 민주주의의 가치를 존중하도록 가르쳐야 한다"라고 명시한다. 교육의 이러한 임무는 지식의 함양만큼이나 중요하다. 한국에서 소위 '인성 교육'이라고 부르는 것을 서구에서는 '민주주의 가치 교육 또는 민주주의 시민 교육'이라고 말한다. 이는 1, 2차 세계대전을 겪으며 민주주의의 중요성을 절실하게 느낀 데서 비롯되었다. 인권 존중과 민주주의 교육을 통해 그러한 전쟁을 사전에 예방하겠다는 것이다.

인권과 민주주의 교육과 더불어 오늘날 스웨덴 학교는 환경, 교통, 양성평등, 소비자, 성(性)과 성적 지향에 관한 문제, 그리고 담배, 술, 마약의 위험성에 대해서도 가르쳐야 한다. 교육과정에는 이런 문제들을 언제, 어느 과목에서 다루어야 하는지에 대해 안내되어 있다.

최근에 한국에서도 성과 성적 지향에 대한 문제가 많이 수면 위로 떠오른 것 같다. 스웨덴 교육에서는 이 문제를 매우 중요한 인권과 민주주의의 문제로 다룬다. "성적 지향이 어떻든 우리 모두는 같은 권리를 갖고 있다"라고 법적으로 규정되어 있을 뿐 아니라, 스웨덴 교육부는 모든 학교가 이 가치를 준수하도록 주지시키고 있다. 이성이든 동성이든 또는 양성이든 우리 모두에게는 자신의 성을 표현할 수 있는 권리가 있다. 남성이 여장을 하거나 여성이 남장을 할 수 있는 권한도 인권에 속한다.

학생들에게 성적 지향과 관계없이 모두가 정상임을 어떻게 하면 가장 좋은 방법으로 전달할 것인가? 이제까지 많은 나라에서 학교는 '우리'와 성적 지향이 다른 '그들'에게 관대해야 한다고 말하면서 성적 지향이 다른 학생들의 인권을 존중하도록 가르쳐왔다. 그러나 스웨덴 교육은 이런 시각 자체가 문제임을 지적하고 있다. 위와 같은 말은 이미 이성을 좋아하는 것이 정상이고, 그렇지 않은 것은 비정상이라고 말하는 것이나 다름없다는 것이다. 학생들을 가르치는 교사는 모든 수업에서 '무엇이 정상인가' 하는 기준에 대해 언제나 비판적인 자세를 견지해야 한다고 강조한다. 학교는 학생들에게 비판적인 시각과 사고를 길러주고 인권을 존중하도록 가르칠 의무가 있다.

또한 스웨덴 교육법과 교육과정은 "학교는 모든 수업에서 민주주의 가치를 실현해야 한다"고 피력한다. 민주주의란 단어가 학생들에게 내용 없는 단어가 되어서는 안 된다는 것이다. 학생회는 학교에 실질적인 영향을 미쳐야 하며, 학생들이 민주주의 '놀이'를 하는 게 아니라 민주주의를 '실행'해야 한다고 거듭 강조한다. 모든 학급에는 학급회가 있어 학생 자신들이 정한 일정에 따라 정기적으로 회의를 열어 자신들이 느끼고 겪는 학교 문제를 다룬다.

각 학급의 대표는 다른 학급의 대표와 학생회에서 정기적으로 만나 각 학급회에서 나온 문제와 결정을 학생회에 회부하고 토론한다. 학생회에서는 학급에서 올라온 문제들에 대해 토론하고 어떻게 할 것인가를 결정한다. 가끔 어떤 안건은 공감을 얻지 못해 부결되기도 하고, 또 다른 안건은 충분한 지지 속에 교장에게까지 회부되기도 한다. 이 경우 전체 학생회의 대표로 구성된 '학생이사회'가 이 문제에 대해 조사해 교장과 상의한다.

교장에게까지 자주 회부되는 안건 중 하나는 학생들이 같은 날짜에 여러 과목의 시험을 치르지 않도록 교사들이 협의하게 하는 것이다. 교장은 이런 모든 학생들의 의견을 매우 중요하게 받아들여 가능한 한 곧바로 대답을 주기 위해 노력한다.

06

다방면으로 학생들을 돕는 '학생건강팀'

스웨덴의 학교는 전통적으로 경쟁과 효율 위주의 학습이 아니라 모든 학생이 일정한 수준의 학력에 도달하게 하는 데 초점을 맞춰 왔다. 소수의 엘리트를 키워내기보다 낙오할 가능성이 많은 학생들을 감싸 안아 어울려 살 수 있게 해주는 것, 즉 한 명의 학생도 쉽게 포기하지 않는 것이 스웨덴 교육의 특징이다. 학습 능력이 떨어지는 학생도, 소위 말하는 '문제 학생'도 포기하지 않는다. 그렇다면 스웨덴 학교에서는 학습 능력이 떨어지는 학생이나 문제 학생들을 어떻게 지원하고 돌볼까?

먼저 모든 학생의 교육 목표 달성에 대한 책임은 학교에 있다. 따라서 학습 능력, 지각, 결석, 과잉 행동 등의 문제가 있어 교육 목표를 달성하는 데 차질이 생기면 학교는 최선을 다해 학생을 지원해야 한다. 학교 환경도 중요하다. 학교 분위기가 '학생 친화적'이어야 하고 학교는 그들에게 가장 안전한 장소가 되어야 한다.

그다음으로 학교에는 '학생건강팀'이라는 전문가 조직이 있어 교사의 역할을 보완한다. 학생건강팀은 학생들이 학교 수업을 잘 따라갈 수 있도록 학생들의 건강을 증진시킬 뿐 아니라 정신적인 문제나 생활 문제도 사전에 예방해 모든 학생들이 교육 목표를 달성할 수 있도록 돕는다. 스웨덴 교육법에서는 "스웨덴의 초·중·고교는 의무적으로 학생건강팀을 두어야 하며 거기에는 의사, 간호사, 심리학자, 전문 상담사, 특수교사, 진로·진학 상담사가 속한다"라고 명시되어 있다. 이들의 역할은 다음과 같다.

♥ **의사와 간호사**: 교육법에 따르면, 초등학교부터 중학교까지 9년 동안 학교에서는 세 번의 건강검진을 실시해야 하고 이번 검진 후 다음번 검진까지의 기간 동안은 학생들의 건강을 관리해야 한다. 간호사와의 건강상담은 초1, 4, 7학년 때 일어나고 1학년 때의 건강상담은 부모가 참석한다. 예를 들어 학생 수가 400명인 학교에서 의사는 3주에 하루꼴로 온종일 학교에 머물며 학생들을 진료한다. 간호사는 월요일부터 목요일까지, 오전 8시부터 오후 4시까지 학교에서 학생들의 건강을 돌본다. 이렇게 정해진 시간 외에도 간호사는 문제가 있거나 건강이 염려스러운 학생들과 상담을 한다. 학생이 의사를 만날 필요가 있다고 판단되면 의사의 상담 목록에

이름을 올린다. 그러면 의사는 학생을 진료하고 필요하면 부모와 상의한 다음 소견서를 정규 의료 기관에 보내기도 한다.

학생건강팀에서 문제를 파악하고 상의를 했지만 정확한 원인을 알 수 없어 학교에서 해결할 수 없는 경우에는 전문의의 도움을 받는다. 예를 들어 주의력결핍과잉행동장애(ADHD), 난독증, 우울증 등을 앓고 있다고 의심되면 소견서를 병원에 보내 정밀 검사를 받게 하는 것이다. 거식증도 학교에서 흔히 발생하는 건강 문제 중 하나다. 체중에 대한 집착으로 인해 음식을 거부하거나 먹고 토하는 증상이다. 이에 따라 간호사는 정기적으로 학생들의 체중을 체크하고 식사 장애가 있는지 면밀히 살핀다.

♥ **심리학자**: 심리학자는 모든 학교에 있으나 상주 시간이 많지 않다. 가장 중요한 일은 교사들의 자문에 응하는 것이다. 심리학자는 학생들은 물론 부모들과도 대화를 하고 학생들을 대상으로 심리검사를 한다. 학생이 교육 목표를 달성하지 못할 경우 심리검사를 통해 무슨 문제가 있는지, 어떻게 도와줄 수 있는지 알아내기 위해 노력한다. 심리검사 외에도 지능검사를 통해 지적 장애가 있는지 알아내서 해당 학생이 일반 학교가 아닌 특수학교에 다녀야 할지 판단하는 근거 자료를 제공하기도 한다.

♥ **진로·진학 상담사**: 스웨덴에서는 초등학교부터 고등학교까지,

모든 학교에 진로·진학 상담사를 두도록 법으로 정해놓았다. 그래서 모든 학생들은 미래에 어떤 공부를 하고 어떤 직업을 택할지에 관해 상담할 수 있다. 상담사는 전문 지식을 갖추고 있으며 학생들의 직업 체험도 관장한다. 이 직업 체험은 주로 중학교 2학년 때 2주 동안 진행되며, 일부 학교는 중학교 3학년 때도 2주 동안 시행하기도 한다. 그뿐만 아니라 중학교 2학년 때는 고등학교 선택과 관련해 모든 학생들에게 정보를 제공하고 상담도 해준다. 그리고 부모들도 저녁에 따로 시간을 정해놓고 자녀의 진로와 진학에 대해 상담을 받을 수 있다.

♥ **전문 상담사**: 거의 모든 학교에 배치되어 있는 상담사는 사회심리학 분야의 전문 역량을 갖추고 있으며 대학에서 법학, 심리학, 사회학, 정치학 등을 공부한 사람이다. 전문 상담사는 심리 상담이나 법률 자문을 통해 문제가 있는 학생을 이끌어주고 도와주며, 학생건강팀에서 주도적인 역할을 한다. 학생뿐 아니라 학부모와도 상담을 하고 사회심리적인 문제에 대해 상의하기를 원하는 교사와도 대화를 한다. 전문 상담사는 주로 대화를 통해 학생들에게 용기를 북돋워주고, 문제 행동이나 스트레스, 학습 계획에 대해 조언과 상담을 해주고, 학습 동기를 부여해준다. 이와 더불어 중요한 업무 중 하나는 학교 폭력이나 왕따를 예방하거나 그에 대처하는 일이다. 또한 성과 성적 취향에 관한 문제를 상담하고 이로 인해 차별받지

않게 할 의무가 있다.

♥ **특수교사와 특수교육자**: 특수교사는 교과 과목을 공부하는 데 어려움이 있는 학생에게 도움을 주는 교사로, 학교에서 '배움터'를 운영한다. 배움터는 모든 학생들에게 언제나 열려 있다. 그래서 학생들은 자발적으로 찾아가기도 하고, 교장의 결정에 따라 의무적으로 가야 하는 경우도 있다. 또 특수교육자는 교사들에게 컨설팅을 해주거나 교사들과 함께 아이들의 공부에 필요한 것과 장애 요소를 조사하고 대책을 세워 공부에 지장이 없도록 한다. 교실 역시 아이들의 공부에 최적의 공간이 되도록 한다.

'학생건강'팀이라고 해서 신체의 건강 문제만 다루는 게 아니라 정신적인 문제와 고민까지 두루 다룬다. 학생건강팀은 매주 교장과 만나 어떤 학생에게 어떤 지원이 필요한지 협의한다. 멘토 교사(한국의 담임 교사와 유사하다)들도 자신의 학생에게 문제가 있으면 이 회의에 참석한다. 참고로 스웨덴에서는 중학교 때부터 학급의 개념과 담임제도가 없는 대신, 멘토 교사가 열 몇 명의 학생들을 담당하며 한국의 담임 역할을 한다.

어느 학생에게 문제가 있다는 보고가 들어오면 먼저 해당 교과의 교사들이 학생의 학습에 문제가 있는지를 판단한다. 만약 다른 문제가 있다고 판단되면 심리학적, 의학적 조사에 들어간다. 이런 조사 결과를 바탕으로, 학생건강팀은 그 학생에 대한 대책 프로그램을 만든다. 그 뒤에는 이 대책 프로그램에 따라 멘토 교사, 학생, 학부모가 정기적으로 만나 학생을 지원한다.

교사와 교사팀은 학생들의 공부에 방해가 되는 것을 없애고 공부하는 것을 도와주기 위해 뭐가 필요할지를 논의하고 대책을 강구한다. 만약 어느 한 학생이 국가 차원의 교육 목표를 달성할 수 없다고 판단되면 더욱 세밀한 조사와 대책을 강구하도록 교장에게 건의한다. 교장은 학생건강팀과 상의하고 건강팀은 교사들과 논의하여 어떻게 학교가 학생을 지원할 것인지 결정한다. 이 경우 특수 교육자가 주로 조사를 한다. 학생을 인터뷰하고 교사의 의견을 묻는다. 당연히 부모의 의견도 듣는다. 그래서 이런 조사는 학생, 교사, 학부모 그리고 학교건강팀이 모두 동원된다. 만약 담임 혼자서 감당할 수 없다는 판단이 내려지면 '대책 프로그램'을 만들어낸다. 나아가 학교 의사도 관여하여 심리적, 심리 사회적 또는 의학적 조사가 더 필요한지 결정한다.

07

단 한 명의 학생도 포기하지 않는다

나는 학생건강팀에 소속된 전문 상담사로 중학교에서 15년째 일하고 있다. 내가 사라를 만난 것은 사라가 중학교 2학년 때, 다른 학교에서 전학을 왔을 때였다. 처음에는 아무 문제가 없고 학업 성적도 좋았다. 그런데 3학년이 되면서 사라는 폭력적이고 냉소적으로 변해갔다. 결석도 했다. 문제가 많은 다른 학급의 학생을 만났고, 둘은 여러 번 같이 결석을 했다. 학교에 오면 교사들에게 욕을 하기도 했다.

내가 만난 사라는 분노에 싸여 있어 대화가 불가능했다. 사라를 그냥 돌려보낸 다음 날, 사라가 내 사무실 문 앞에 앉아 나를 기다리고 있었다. 어제의 일을 후회하며 대화를 청해왔다. 집에서 가출해 이모 집에서 머물고 있던 사라는 부모가 끔찍하다고 했다.

"부모님은 날 이해 못해요. 그래서 만나기만 하면 싸워요. 특히 엄마랑요⋯⋯."

나는 사라의 문제를 지방정부의 사회국에 알렸다. 사회국의 사회복지사가 사라와의 만남을 청해왔다. 사회복지사를 만난 사라는 집에서 나와 다른 부양가족과 살고 싶다고 했다. 사회복지사는 그 뒤 사라의 부모를 만났고, 당연히 부모는 사라를 다른 집으로 보내고 싶어하지 않았다. '가족 상담'을 통해 문제를 해결하기를 원했고, 사라가 집으로 돌아오기를 바랐다. 나도 여러 번 사라의 부모를 만나 상담했다.

내가 가장 우선시한 것은 사라를 고등학교에 입학시키는 일이었다. 사라는 고등학교에서 연극을 공부하고 싶다고 했다. 그래서 진로·진학 상담사와 이야기를 나눠 고등학교에서 연극 공부를 하려면 무엇을 준비해야 하고 어느 정도의 성적을 유지해야 하는지 듣고, 그 분야의 직업에 대한 정보도 얻었다.

처음에 사라는 진로·진학 상담사와 직접 대화하기를 거부했지만 나는 사라를 설득했다. 화내지 않고 차분하게 다른 사람과 대화하는 것도 배워야 한다고 생각했기 때문이다. 나는 사라가 학교 공부를 잘 마칠 수 있도록 '공부에 대한 동기부여 대화'를 하면서, 사회복지사의 제안대로 가족 상담을 받아보라고 권했다.

또한 사라가 정신적으로 혼란스러워하고 착란 증세를 보이는 것에 대해서도 사라와 얘기했다. 검사를 받고 도움을 얻는 게 좋겠다고 설득했다. 사라는 자신에게 뭔가 문제가 있을까봐 두려워했지만 아내는 그런 검사가 도움이 될 거라고 거듭 이야기했다.

내 노력 덕분인지 사라는 중학교를 마치고 고등학교에 입학해 연극 프로그램에 들어갈 수 있었다. 중학교를 졸업하면서 완전히 집에서 나왔고 가족 상담에는 결국 응하지 않았지만, 정신과 검사를 받는 데는 동의했다. 검사 결과, '부분적 과잉 행동과 정신 착란'이라는 진단을 받았다. 즉흥적이고 공부에 집중하지 못한 이유가 결국 거기에 있었던 것이다.

그러나 이런 아이들도 잘할 수 있는 일이 있다는 것을 학교는 간과하지 않는다. 끈질긴 대화를 통해 아이가 하고 싶은 것을 스스로 찾아낼 수 있도록 도와준다. 정학이나 퇴학 등의 처벌을 내리는 것이 아니라 전문 상담사를 중심으로 다양한 전문가, 교사들과 의논하며 아이의 길을 열어주기 위해 노력한다.

또 다른 사례로, 미케의 경우에는 초등학교 때부터 문제가 있었다. 중학교에 입학하자마자 그의 부모는 학교에 긴밀한 협조를 요청해왔다. 미케의 멘토 교사는 미케의 부모를 만날 때마다 전문가의 도움이 필요하다며 전문 상담사인 나를 동석하게 했다.

미케의 문제는 무단결석이 잦다는 것이었다. 학교에 일단 오기만 하면 문제는 없었다. 조용한 편이었고 공부도 열심히 했다. 친구가 그리 많지는 않았지만 대인 관계에도 별 문제가 없었고 친구들도 미케를 잘 대해주었다. 그런데 상담을 해도 미케는 자신이 왜 학교에 자주 빠지는지를 설명하지 못했다. 상담 때는 결석하지 않겠다고 약속해놓고 또 결석하기를 반복했다. 상담할 때마다 나와 멘토 교사는 거듭 실망했다.

그러다가 방법을 바꿔 수업에 초점을 맞춰보기로 했다. 미케는 일주일에 이틀 정도 학교에 오고 나머지는 빠졌다. 체육 시간을 좋아하지 않는 미케에게 듣고 싶은 수업만 골라 시간표를 짜보라고 했다. 다른 학생들에 비해 수업량이 절반밖에 되지 않는 시간표가 나왔다. 일단은 그 시간표를 따르게 하고 점점 수업량을 늘려보기로 했다. 처음 1년 동안은 성과가 그리 좋지 않았다. 미케는 자신이 만든 시간표조차 잘 지키지 않았고 수업 시간을 늘릴 기미도 보이지 않았다.

그러다 미케가 2학년이 되었을 때 스톡홀름 대학 심리학과의 인지행동치료(CBT, Cognitive Behavior Therapy)를 받아보도록 권했다. 미케에게는 학교생활이 남들보다 훨씬 더 큰 스트레스로 작용하는 것 같았다. 이 치료는 미케에게 상당한 효과가 있었다. 미케는 수업 시간을 점차 늘려갔고 상당히 좋은 성적으로 중학교를 졸업했다. 결국 고등학교에 가서는 정상적으로 학교생활을 할 수 있게 되었다.

이러한 사례는 한 명의 학생도 포기하지 않는다는 것이 결코 쉬운 일이 아님을, 그렇다고 불가능한 일 또한 아님을 보여준다고 할 수 있다.

사라와 미케 외에도 전문 상담사인 나를 찾아온 학생들은 많았다. 사실 남편의 눈에 비친 나는 남편 월급의 겨우 절반 정도를 받으면서 언제나 해결하기 어려운 남의 문제로 힘들어하는 사람이었다. 남편이 직업을 바꿔보는 게 어떻겠느냐고 권유해본 적도 있었다. 그럴 때마다 나는 고개를 저었다. "저 아이들을 내가 돌보지 않으면 누가 돌보겠어요? 이 직업이 얼마나 중요한데……"라며 말끝을 흐리곤 했다.

사실 남편은 나의 직업이 얼마나 중요한지 몰랐다. 그런데 매년 여름방학이 되면 나는 학생들이나 학부모들이 준 조그만 화분을 집으로 가져오곤 했다. 그 조그만 화분 속에는 작은 카드가 들어 있었다. 내가 상담한 학생들의 부모들이 쓴 카드였다.

"당신이 우리 딸을 구했습니다."

"당신이 우리 아들을 죽음에서 구해주었습니다."

이 카드를 읽은 남편의 눈에 눈물이 맺혔다. 그 후론 남편이 그런 이야기를 한 적이 없다.

진학이 아닌 진로를 이야기한다

스웨덴에서는 초등학교부터 고등학교까지 모든 학교에 진로·진학 전문 상담사를 두도록 법으로 정해놓았다. 그래서 학생들은 미래에 어떤 공부를 할지, 어떤 직업을 선택할지에 대해 상담을 받을 수 있다. 진로·진학 상담사는 학생들의 직업 체험을 관장하고 주선한다. 이 직업 체험은 앞에서도 언급했듯이 대체로 중학교 2학년 때 2주, 일부 학교는 중학교 3학년 때도 2주 동안 실시하고 있다. 학생들은 미래에 원하는 직업을 체험하기도 하고, 그런 계획 없이 당장 호기심에 끌리는 직업을 체험해보기도 한다.

중학교 2학년 때는 고등학교의 프로그램 선택에 대해 모든 학생에게 정보를 주고 개인 상담을 해준다. 부모도 자녀의 진로와 진학에 대해 전문 상담사에게 상담을 받을 수 있다.

닐스는 공부하는 데 큰 어려움이 있는 학생이었다. 난독증이란 진단을 받았지만 문제는 그것뿐만이 아니었다. 늘 피곤해했고 수업 시간에도 꾸벅꾸벅 졸기 일쑤였다. 학교 내에 있는 심리학자를 만나 지능 테스트를 했는데 지능에는 문제가 없었다.

가정 환경도 그리 좋지 않았다. 닐스의 부모는 이혼했고 아빠가 먼 곳에 살아 자주 만날 수 없었다. 닐스는 일주일에 몇 시간씩 특수교사에게 특수교육을 받았다. 특수교사는 닐스의 엄마에게 청소년 정신클리닉에 닐스를 데려갈 것을 권했고 엄마는 그 권고를 따랐다.

사실 닐스는 성적을 빼고는 거의 모든 것에 만족했다. 스포츠도 좋아했고, 특히 목공 등의 실습 과목에 흥미를 보였다. 그런 과목에선 언제나 최고 점수를 받았다. 언젠가 여름방학을 마치고 학교로 돌아온 닐스는 방학 내내 숲속에서 나무 베는 일을 했다고 말했다. 육체적으로 몹시 고된 일인데도 전혀 피곤하지 않았다고 했다. 닐스는 체력이 달려서 피곤한 것이 아니라, 전혀 관심이 없거나 좋아하지 않는 일을 할 때 피곤해했다.

나는 고등학교에서 무엇을 공부하고 싶은지에 대해 닐스와 얘기하며 상담을 이어갔다. 닐스는 자신의 관심 분야를 확실히 알고 있었고 자동차 엔진에 관해 공부하고 싶어 했다. 닐스는 고등학교에서 그런 프로그램을 공부하려면 중학교 때 어떤 과목에서 어느 정도의 성적을 받아야 하는지에 관해 진로·진학 상담사에게서 정보를 얻었다. 다른 몇 과목은 통과 성적을 받고 스웨덴어, 수학, 영어에만 집중하면 될 것 같았다. 이 세 과목이 어렵다는 사실은 닐스도 알고 있었지만 열심히 공부했다. 그 결과 졸업할 때 모든 과목에서 통과 점수를 받아 원하는 고등학교에 입학할 수 있었다.

사실 학교는 오랜 시간에 걸쳐 닐스의 자신감을 파괴했다. 선생님들이 성적이 나쁘다고 잔소리를 할 때마다 닐스는 조금씩 무너졌다. 자신은 잘하는 게 아무것도 없다고 생각했다. 하지만 정작 닐스에게는 큰 문제가 없었다. 학생건강팀의 노력으로 닐스는 고등학교에 들어갔고, 남다른 손재주가 있는 사람이라는 자신감도 회복할 수 있었다.

스웨덴의 학교에서는 무조건 대학 진학만을 목표로 삼지 않는다. 초등학교, 중학교 때부터 아이들의 진로를 지도해 스스로 하고 싶은 일을 결정하게 한다. 꿈이 생기면 아이들은 그 꿈을 이루기 위해 스스로 노력한다.

또 스웨덴의 젊은이들은 꼭 대학에 가야 한다고 생각하지 않는다. 500년 이상의 역사를 가진 유수한 대학이 있는데도 대학 진학률은 50%를 조금 넘는다. 대학 교육 보편화 정책으로 지난 20~30년간 새로운 대학이 많이 생겨났음에도 불구하고 아직도 절반에 가까운 젊은이들이 대학에 진학하지 않는 것이다. 대학 진학률이 75%를 넘나드는 한국과 매우 대조적이다. 모두 대학을 나올 필요가 없고 고등학교만 졸업하고도 먹고사는 데 문제가 없는 직장을 구할 수 있기 때문이다. 또 원하면 언제든 대학에 갈 수 있는 제2의 기회가 있다.

대학에 가더라도 어느 대학을 나왔느냐보다 전공과목이 무엇이고, 대학 성적은 어떠하며, 대학 졸업논문을 얼마나 잘 썼느냐가 더 중요하다. 스웨덴에는 학벌이란 게 없다. 최근의 조사에 의하면 의대와 수의대, 법대, 심리학과, 사회복지학과 등은 경쟁이 아주 치열하다. 대학보다는 전공과목이 더 중요하기 때문이다.

남편이 스웨덴 교육청 간부직에 있을 때 많은 신입 공무원을 채용했는데 어느 대학 출신이냐를 채용 기준으로 삼은 적은 단 한 번도 없었다고 한다. 제출한 학사·석사 논문과 다른 기관 근무 경력이 있을 경우 그 기관에서 쓴 보고서 등을 읽고 판단했다. 이러한 논문들을 보면, 지원자가 얼마나 날카로운 분석력을 갖췄는지, 어휘력과 문장 구사력은 어떤지, 얼마나 깊이 있게 파고드는지, 과학적으로 사고하는지 등을 판단할 수 있다고 했다.

각 대학의 학과들은 고등교육청의 주관 아래 평가를 받게 되어 있다. 그런데 이 대학 평가에서 수도에 있는 스톡홀름 대학이나 역사가 오래된 웁살라 대학, 룬드 대학 같은 곳이 항상 좋은 점수를 받는 것은 아니다. 몇 년 전 전국 대학을 대상으로 시행한 정치학과에 대한 평가에서는 지방에 있는 외레브로 대학의 정치학과가 1등을 했다.

모두가 대학을 향해 정신없이 달려가지만 막상 대학에 가고 나서는 갈 곳을 몰라 방황하는 한국의 젊은이들을 많이 본다. 꿈을 꾸고 진로를 신중히 개척해야 하는 학창 시절에 꿈꿀 시간도 없이 공부만 한 결과다. 스웨덴을 비롯한 북유럽의 학교에서는 대학이란 학문을 하고 공부가 하고 싶을 때 가는 곳이라고 가르친다. 학벌도 없고 일류 대학도 없다. 단지 아이들의 꿈이 있을 뿐이다. 그리고 그 꿈이 진로와 잇닿을 수 있도록 도와주는 교사들과 학교가 있다.

09

왕따나 폭력은 아무리 사소해도
심각하게 다룬다

스웨덴에는 학교 폭력이 거의 없다. 왕따 문제도 심각하지 않다. 설령 있더라도 학생들 개인 간의 사소한 갈등에서 비롯된 것이 대부분이고, 사회문제로 비화할 정도의 심각한 문제는 아니다. 그리고 학교 내에서 학교 폭력이나 왕따 같은 사회문제가 일어날 경우 국가적인 차원에서 대응하는 중요한 법들이 따로 마련되어 있다. 바로 '교육법'과 '차별금지동등대우법'이다. 이 법들이 강조하는 내용을 간단히 살펴보면, 학교는 차별, 왕따 그리고 학교 폭력이 일어나지 않도 록 예방하는 데 최선을 다해야 한다. 모든 학생이 서로 배려하고 관 대해야 하며, 누군가 어떤 학생을 차별하거나 폭력을 가하면 다른 학생들이 즉각 반응하도록 가르쳐야 한다.

또한 학교 폭력에 대한 이런 기본적인 태도 외에도 모든 학교는 매년 학생들 사이에 차별, 왕따, 폭력 사건 등이 발생했는지, 그런 일을 당한 경험이 있는지를 학생들을 대상으로 조사해야 한다. 이 조사를 근거로, 이런 문제에 구체적으로 어떻게 대처할 것인가 하는 '차별, 왕따, 폭력 대책 계획서'를 작성해야 하고 이를 매년 개정해야 한다. 학교의 모든 교사와 학생들은 이 계획서가 있다는 것을 알아야 하고, 이 계획서에 따라 어떻게 조치를 취해야 하는지도 숙지하고 있어야 한다. 학부모들도 이 계획서의 존재와 내용에 대해 알아야 한다고 법은 명시하고 있다.

학교에서 차별, 왕따, 폭력 사건 같은 크고 작은 문제들이 일어났을 경우에는 아무리 사소한 사건일지라도 즉각 조사에 착수해 적절히 대처해야 한다. 즉시 조치를 취하지 않고 방치하면 일이 더 커질 수 있기 때문이다.

한국의 학교에서는 선무당이 사람 잡는 식의 상담과 해결 방식이 오히려 문제를 더 심각하게 만드는 경우가 있다. 왕따와 폭력 문제는 매우 복잡하고 사건마다 상황이 다 다르기 때문에 이런 사건을 다뤄본 경험이 풍부한 전문가가 아니고서는 문제에 적절히 대처하거나 대화나 상담을 통해 문제를 해결하기가 쉽지 않다.

스웨덴에서는 왕따나 폭력 문제가 발생하면 먼저 멘토 교사가 해당 학생들을 만나 대화를 한다. 사실상 이 대화의 단계에서 많은 문제가 해결된다. 이 단계에서 해결되지 않으면 문제는 성인 팀(전문 상담사와 학년별 대표 교사 한두 명을 포함해 약 여섯 명의 교직원으로 구성된 팀)으로 넘어간다. 많은 연구에 따르면, 이와 같은 성인 팀이 학교에서 일어나는 차별, 왕따, 희롱, 폭력 문제를 전담할 때 이런 사회문제를 더 효과적으로 근절시킬 수 있다고 한다. 만약 성인 팀이 문제의 학생들과 대화를 한 뒤에도 해결이 안 될 정도로 복잡하거나 어려운 사안일 경우에는 전문 상담사에게 넘어간다. 전문 상담사의 선에서도 해결되지 않는 문제는 최종적으로 교장에게 넘어간다. 또 어느 단계에서 해결이 되든 되지 않든, 학교에서 일어난 모든 차별, 왕따, 폭력 문제는 콤뮨(지방정부)에 보고해야 한다.

모든 교직원은 차별과 왕따, 폭력을 예방하는 데 있어 책임감을 갖고 최선을 다해야 하며, 만약 그런 사태가 발생하면 즉각 대처해야 한다. 앞서 언급했듯이 이 문제를 중점적으로 다루는 성인 팀이 있다. 또 이 성인 팀과 정기적으로 만나는 학생 팀이 있다. 각 학급을 대표하는 남녀 학생 두 명씩, 총 30명이 학생 팀을 이룬다. 이 두 팀은 서로 협력해 바람직한 학교 분위기의 조성을 위해 노력하고, 학교에서 무슨 일이 일어나는지 살피며, 어떤 대책을 강구할지도 논의한다.

여기서 학생들의 적극적인 참여가 매우 중요하다. 학교에서 무슨 일이 일어나는지, 자신의 친구들이 안전하게 느끼는지를 가장 잘 아는 사람은 바로 학생들이고, 교직원들 역시도 학생들이 얘기를 해줘야 비로소 알 수 있기 때문이다. 그래서 학교의 모든 교직원들은 학생들이 스스럼없이 학교에 얘기할 수 있는 분위기를 만들기 위해 노력한다.

여기서 중요한 것은, 학생들이 자신들의 관점, 의견과 제안이 학교 운영에 적극적으로 반영된다고 느낄 수 있어야 한다는 점이다. 학생들은 얘기해봤자 해결되지 않을 문제라면 굳이 교직원들에게 털어놓으려 하지 않을 것이기 때문이다. 자신들의 의견이 학교를 변화시킨다고 느낄 때에야 비로소 학생들은 문제를 이야기하고, 이를 통해 문제 해결에 보다 적극적으로 동참하게 된다. 학교 전반에 걸쳐 민주적인 분위기가 조성되지 않으면 왕따와 폭력 문제도 해결하기 어렵다는 얘기다.

전교생들에게 영향을 크게 미치는 것 역시 학생들이다. 특히 모범이 되고 리더십 있는 학생들의 역할이 중요하게 작용한다. 30명이나 되는 학생 팀의 학생들이 모범을 보이고, 다른 학생을 놀리거나 싸우지 않고, 모든 학생들과 좋은 관계를 유지하면 이것이 학교 전체 분위기에 큰 영향을 미친다.

그리고 이 학생들이 왕따나 폭력 문제가 발생했을 때 즉각 반응해 그런 행동에 대해 단호한 태도를 보이면 왕따나 폭력에 엉겹결에 가담한 학생이나 방관하는 학생의 수를 줄일 수 있다. 이렇게 되면 가해자 학생이나 그룹의 세력이 번지지 않고 오히려 고립될 가능성이 커지기 때문에 계속해서 왕따나 폭력 문제를 일으키기 어렵다. 가해 학생이 교사에게 다시는 그러지 않겠다고 반성의 의사를 표시하더라도 정말 그 말을 지키는지는 학교생활을 함께하는 다른 학생들이 가장 잘 안다. 따라서 학생 팀을 꾸려 왕따와 폭력 근절에 적극적으로 대처하는 일은 평화롭고 학생 친화적인 학교 분위기를 만드는 지름길이다.

학급회와 학생회 조직이 있지만 왕따와 폭력 근절을 위한 학생 팀 조직을 따로 두는 데는 이유가 있다. 각각의 조직에서 활동하는 학생들의 관심 분야와 역할이 서로 다를뿐더러, 많은 시간을 할애해야 하는 두 조직에서 동시에 활동하려면 학업에 지장을 줄 염려가 있기 때문이다.

스웨덴의 학교는 폭력과 왕따 문제에 대한 가장 좋은 대처 방법이 학생들과 대화하며 언제나 주의 깊게 지켜보는 것임을 잘 알고 있다. 피해 학생과 대화를 하는 것은 사건에 대한 정보를 얻고 그 학생을 돕기 위해서다. 그리고 가해 학생과 대화를 하는 것은 차별, 왕따, 폭력과 같은 행위는 결코 용납될 수 없으며 앞으로는 어떻게 행동해야 하는지를 스스로 깨우치게 하기 위해서다.

가해 학생을 나무라거나 벌하는 것이 아니라 학생 스스로 잘못을 인식하고 반성하게 해서 그런 행위를 다시는 반복하지 않게 하려는 것이다. 따라서 가해 학생과 대화할 때는 일방적으로 이렇게 해라 저렇게 해라 하고 지시하기보다는 스스로가 어떻게 개선할 것인지 이야기하게 한다. 그리고 상황이 좋아질 때까지 그 학생을 계속 지켜보고 점검한다. 앞에서 언급한 '차분한 대응법'이 큰 몫을 한다.

물론 피해 학생과 가해 학생들의 부모들에게도 알리고 학생들 사이에 좋은 분위기가 조성되도록 협조를 구해야 한다. 또 무슨 일이 일어났고, 어떤 조치를 취했으며, 나쁜 행동이 개선되었는지 여부를 해당 학생들뿐 아니라 교직원 모두에게도 분명히 알린다. 학교는 문제 하나하나를 지속적으로 살피며 그런 일이 다시는 일어나지 않게 한다. 문제를 해결하는 데 학교와 학부모, 학생들 모두의 노력이 필요하다는 것은 두말할 필요도 없다.

10
교사의 모욕적인 언행과 폭력도
용납하지 않는다

스웨덴의 모든 학교는 교직원이 학생에게 가하는 왕따, 차별, 모욕적인 언행, 신체적인 학대 등에 대한 대처 방안도 '차별, 왕따, 폭력 대책 계획서'에 포함시켜야 한다.

앞서 소개한 여덟 살 초등학생 칼레의 사례는 교사의 부적절한 언행에 대해 스웨덴 학교가 어떻게 대응하는지를 잘 보여준다. 체육 시간에 체육 교사는 칼레에게 몸이 둔하다는 조롱 섞인 말을 던졌다. 체육 교사의 이러한 모욕적인 발언이 그 학급의 학생들에게도 전염되어 몇몇 학생들이 무리를 지어 칼레를 괴롭혔다. 교사의 발언이 왕따 사건으로 번진 것이다. 따라서 이 경우 가해자는 교사이고, 반 학생들은 동조자였다.

그런데 교사가 가해자일 경우 문제는 더욱 복잡하고 어려워진다. 무엇보다 학생들은 교사에게 의존적인 관계에 놓여 있다. 그렇기 때문에 피해를 당한 학생은 부모나 학교의 전문 상담사에게 문제를 털어놓기가 쉽지 않다. 특히 초등학생처럼 어릴 경우에는 피해 사실을 다른 사람에게 얘기하는 게 더욱 어렵다. 놀림을 당하는 게 오히려 자신의 잘못이라고 간주하는 경우도 허다하다.

더구나 모범이 되어야 할 교직원이 그런 잘못을 저질렀을 때, 그것도 다른 학생들 앞에서 한 학생을 모욕했을 때 그 부정적인 효과는 엄청나다. 교사의 언행을 보고 다른 학생들이 따라 하기 때문이다. 교사가 그렇게 했으니 암묵적으로 학생들 자신도 똑같이 해도 된다고 생각하거나 심지어 당연하다고 여기게 된다.

칼레에게 자초지종을 들은 칼레의 부모는 학교를 찾아가 교장과 면담을 했다. 다행히 칼레의 학교에는 교사가 학생을 모욕하고 차별하거나 따돌렸을 경우 어떻게 문제에 대처해야 하는지에 대한 수칙이 마련되어 있었다. 이야기를 전해 들은 교장은 체육 교사와 대화를 했다. 처음에 체육 교사는 자신의 잘못을 부정했다. 그러나 곧 자기도 모르게 그런 모욕적인 말이 입에서 새어 나갔다고 고백했다. 칼레가 운동신경이 부족해 체육 수업을 진행하는 데 방해가 된다고 생각했고, 그래서 무척 짜증이 났다고 털어놓았다. 교장과의 대화에서 체육 교사는 '짜증이 난다고' 무심결에 내뱉은 말이 얼마나 잘못된 것인지를 깨달았다.

교사는 모든 학생들이 자신의 능력을 최대한 발휘할 수 있도록 강의 계획을 짜야 할 의무가 있다. 교사가 일방적으로 수준을 정해 놓고 모든 학생이 그것을 성취하기를 바라서는 안 된다. 체육 교사는 교사로서 자신이 일을 올바르게 수행하지 못한 것을 깨닫고 죄책감을 느꼈다. 다시 한 번 기회가 주어지면 잘할 수 있을 거라고 뉘우쳤고 칼레와도 직접 얘기를 나누고 싶어 했다.

교장은 다시 칼레의 부모를 학교로 불러, 체육 교사와 자신이 동의한 바에 대해 얘기했다. 칼레의 부모는 주저했다. 그들은 그 체육 교사가 다시는 칼레를 가르치지 않기를 바랐다. 교장은 체육 교사가 더 좋은 교사가 될 거라 확신한다며 칼레는 어떻게 생각하는지 물어보자고 했다. 칼레는 부모가 함께한 자리에서 교장과 얘기했다. 칼레는 사실 그 체육 교사를 좋아했다. 다시 그런 일이 일어나지만 않는다면 계속해서 수업을 받을 수 있다고 했다. 체육 교사는 칼레의 부모와 교장 선생님이 동석한 가운데 칼레와 직접 얘기했고, 자신의 잘못을 사과하고 다시는 그런 모욕감을 주는 말을 하지 않겠다고 했다.

한편 칼레네 학급의 멘토 교사는 칼레를 모욕하고 놀린 학생들과 대화했고 그들의 부모들에게도 협조를 구했다. 칼레에게 맞은 학생인 펠레와 펠레의 부모와도 대화를 했다. 사실 멘토 교사는 펠레의 부모와 대화하는 것이 가장 어려울 거라고 생각했다. 그런데 뜻밖에도 펠레의 부모는 펠레가 먼저 놀렸다는 것을 인정했고 펠레를 잘 교육시키겠다고 말했다. 오히려 칼레를 놀린 학생들 중 한 학생의 부모가 학교의 조치를 이해할 수 없다며 칼레를 반에서 쫓아내야 한다고 항의했다. 학교 측에서는 일주일에 한 번씩 이 사건에 가담한 모든 학생들과 대화를 계속하고, 그럼에도 문제가 해결되지 않으면 다른 대책을 강구하겠다고 했다. 그제야 그 부모는 하는 수 없다는 듯 학교 조치에 따랐다.

실제로 멘토 교사는 사건에 가담한 학생들과 그 뒤로도 계속 대화를 하며 상황이 좋아지는 것을 확인했다. 어느 누구도 더 이상 칼레를 놀리지 않았다. 물론 칼레도 다시는 주먹을 휘두르지 않았다. 칼레의 부모는 칼레가 밝은 여덟 살 아이의 모습을 되찾았다고 기뻐했다. 또 체육 교사는 자신의 수업 방법을 개선하기 위해 교장과 계속 상의를 했다. '교장은 학교의 모든 교사들에게 교육적인 지도자의 역할을 해야 한다'고 스웨덴 교육법에 명시되어 있다.

교사가 학생을 차별하거나 모욕해서 문제가 됐을 때는 그 밖에도 어려운 점이 있다. 동료 교사들이나 교장이 직장인 학교 내에서 다른 교사와의 갈등을 원하지 않는다는 것이다. 이 경우 '팔은 안으로 굽는다'는 한국 속담처럼 동료 교사를 감싸는 일이 허다하다. 그러나 학교는 교직원이 학생을 놀리거나 차별하는 경우에도 즉각 대응할 의무가 있다. 특히 교장의 의지와 역할이 매우 중요하다. 만약 학교의 대책이 만족스럽지 않다면 학부모는 언제든 민원을 제기할 수 있다.

앞서 언급한 '차별, 왕따, 폭력 대책 계획서'를 만드는 일이나, 학교에서 교사와 학생들이 학교 폭력 문제를 예방하고 근절하기 위해 받는 연수, 회의, 연극, 역할극 등은 대체로 전문 상담사가 기획하고 진행한다. 멘토 교사나 교장이 학부모와 대화를 할 때도 전문 상담사와 사전에 상의하고, 대화할 때도 전문 상담사가 배석하는 경우가 많다. 전문 상담사가 상담을 통해 교사나 학생들을 치유하는 일은 두말할 것도 없다. 스웨덴의 모든 학교에 있는 전문 상담사의 역할이야말로 한국 학교와는 달리 스웨덴 학교가 왕따나 폭력 문제로부터 거의 해방될 수 있었던 가장 큰 이유 중 하나일 것이다.

스칸디 교육법,
핵심은 평등과 존중

    남편은 스톡홀름 대학에서 박사학위를 받고 대학에서 연구와 강의를 했다. 또 국적을 바꾸지 않고도 공무원 신분으로, 간부로, 스웨덴 감사원과 국립교육청에서 연구를 하고 실무 경력도 쌓았다. 그러다가 2011년 9월 1일자로 서울특별시교육연구정보원 원장으로 부임하게 되었다. 거의 27년 만에 한국으로 돌아와 한국의 아이들을 보고서 든 생각은 말 그대로 '불쌍하다'였다고 한다.

    아이들이 불쌍해진 데는 가정이 제 역할을 하지 못하는 탓이 크다. 부모와 자녀들이 같이 지내는 시간이 너무 적은 것도 문제다. 엄마는 자녀를 좋은 학교에 보내기 위해 공부 뒷바라지를 하고, 자녀는 밤늦게까지 학원을 전전하며, 아빠는 그 비용을 대느라 밤낮 없이 바쁘다. 물론 맞벌이 부부의 경우, 생활이 그렇게 돌아가는 것은 어느 정도 이해가 된다. 특히 한국과 같이 일과 삶 사이의 불균형이 심한 나라에서 가정에 삶의 초점을 맞추기란 쉽지 않다.

그러나 무엇보다 부모가 아이를 바라보는 시각과 인식이 더 큰 문제라는 생각이 들었다. 엄마가 소위 '전업주부'인 경우에도 엄마가 책임지고 아이를 키우기보다는 어릴 때부터 예체능 학원을 비롯해 수학, 영어 등의 교과 학원에 보내는 경우가 허다하다.

그리고 맞벌이 부부일지라도 아이들과 함께하는 시간을 누리며 살 수 있다. 사회적인 인식, 특히 직장에서의 인식이 바뀐다면 가족이 함께하는 삶에 더 가까이 다가설 수 있다. 아직 요원한 일이라 느껴진다면 인식을 바꾸도록 서로 노력해야 한다. 이런 상태로 지속되다가는 가정도 없고, 미래도 없는 사회로 전락하고 말 것이다. 아이들보다, 가정보다 더 중요한 것은 없다.

스칸디 대디, 스칸디 맘은 아이를 억압하거나 강요하지 않고 아이 삶의 주체는 아이 자신이라고 믿는다. 그렇기 때문에 어떤 일이든 아이가 주도적으로 판단하고 이끌어가도록 돕는다. 부모는 아이 곁에서 도와주고, 지지해주고, 조언해주고, 박수 쳐주는 조력자의 역할을 충실히 한다. 물론 아이들이 잘못할 때는 단호하게 주의를 준다. 주의를 줄 때도 충분히 대화하며 아이들의 마음에 상처를 주지 않으려고 노력한다.

이러한 교육이 가능한 이유는 스웨덴 부모들 대다수가 아이들을 존중해야 한다고 생각하기 때문이다. 부모와 자녀의 관계도 수평적이고 평등해야 한다고 믿는다. 즉 '모든 인간은 평등하다'는 철학을 생활 속에서 실현하려고 노력한다. 그래서 남자와 여자, 남편과 아내, 부모와 자녀, 스승과 제자, 상사와 부하 등 모든 인간관계가 믿을 수 없을 만큼 수평적이다. 그리고 이렇게 평등한 인간관계가 스칸디 교육법의 바탕을 이루고 있다고 할 수 있다.

학교도 예외는 아니다. 스웨덴 교육의 중심에는 학생들이 있고, 교사는 학생들의 사고나 의사를 존중하며 일방적으로 가르치기보다는 학생들의 수업 참여를 중시한다. 교사가 학생을 제대로 알지 못하면 잘 가르칠 수 없으므로 학생에 대해 배워야 한다고 믿는다. 또 엉뚱한 생각이나 질문도 나무라거나 무시하지 않고 존중하며 오히려 왜 그런 생각을 했는지에 대해 관심을 갖는다.

이처럼 학생들을 존중하는 환경 속에서 교육을 받으니, 스웨덴 학생들은 학교에 대한 신뢰도가 높으며 나아가 자신감과 자존감도 높다. 요컨대 스칸디 대디, 스칸디 맘은 평등과 존중이라는 북유럽의 가치관을 자녀교육에 되도록 충실하게 적용해 실천하는 부모라고 할 수 있다.

스웨덴 사회는 고도의 합리적인 사고에 바탕을 두고 있다고 해도 과언이 아니다. 스웨덴 사람들은 사회에서든 가정에서든 모든 것을 다각도에서 비판적으로 바라보고 토론함으로써 합리적인 결론을 도출해내는 냉철한 사람들이다. 이러한 합리적인 태도는 자녀 교육에도 자연스레 녹아 있다. 교감과 소통을 통해 아이들이 부모를 이해할 수 있도록 충분히 대화하며 갈등을 줄여간다.

아이들이 부모에게 종속된 존재라고 생각하는 부모들, 아이를 훈육과 개조의 대상으로 바라보는 부모들, 자신이 못다 한 것을 아이를 통해 이뤄보려는 부모들을 지켜보며 항상 안타까웠다. 모든 아이들이 존중받아야 하는 한 명의 절대적인 인격체라는 사실을 잊지 않길 바란다. 그래서 우리 부부는 세 아이를 키우며 경험한 것과 직장에서 연구하고 체득한 지식과 경험을 바탕으로 이 책을 집필했다. 스칸디 교육법의 장점을 고군분투하는 많은 한국 부모들에게 전해주고 싶었다.

이제 한국의 부모들도 자녀와 수평적인 관계를 맺으며 아이들을 존중했으면 좋겠다. 그런 관계 속에서 소통과 교감이 싹튼다. 부디 아이를 중심에 두고 합리적으로 교육하는 부모가 되기를 바란다.

스칸디 부모는 자녀에게
시간을 선물한다

초판 1쇄 발행 2013년 12월 20일 개정판 1쇄 발행 2020년 3월 30일

지은이 황레나, 황선준
펴낸이 연준혁

편집 1본부 본부장 배민수
편집 1부서 부서장 한수미
책임편집 박윤
디자인 조은덕

펴낸곳 (주)위즈덤하우스 미디어그룹 출판등록 2000년 5월 23일 제13-1071호
주소 경기도 고양시 일산동구 정발산로 43-20 센트럴프라자 6층
전화 031)936-4000 팩스 031)903-3893 홈페이지 www.wisdomhouse.co.kr

값 15,000원 ⓒ황레나, 황선준 2020

ISBN 979-11-90630-71-9 13590

이 도서의 국립중앙도서관 출판시도서목록(CIP)은 서지정보유통지원시스템 홈페이지(http://seoji.
nl.go.kr)와 국가자료공동목록시스템(http://www.nl.go.kr/kolisnet)에서 이용하실 수 있습니다. (CIP제
어번호 : CIP2020008232)